EMDR

La guida definitiva per superare la depressione, l'ansia, la rabbia, e lo stress grazie alla terapia EMDR (Eye Movement Desensitization and Reprocessing)

GIORGIA MORELLI

Caro lettore, grazie per aver acquistato questo libro, vorrei subito premiarti e regalarti un estratto del prossimo libro che pubblicherò!

Scrivimi a giorgiamorellipsicologa@gmail,com

INDICE

1 EMDR

L'EMDR, Eye Movement Desensitization and Reprocessing, è uno strumento psicoterapeutico innovativo, nato poco più di venti anni fa, grazie alla scoperta di Francine Shapiro (Shapiro, 2011). Viene utilizzato, in particolare, per il trattamento del PTSD e dei ricordi traumatici. L'EMDR sembra aver dimostrato la sua efficacia anche con bambini e adolescenti traumatizzati, dimostrandosi ancora più veloce (Greenwald, 2000).

La procedura standard dell'EMDR consiste in otto passi che comprendono elementi "aspecifici" riguardanti la relazione paziente-terapeuta, elementi "specifici", cioè movimenti oculari o altre stimolazioni, ed elementi derivati da altre tradizioni cliniche, come installazioni di risorse, visualizzazioni, uso di immagini, valutazione cognitiva (Giannantonio, 2009b).

La caratteristica principale è che, all'interno di un piano psicoterapeutico globale, attraverso un lavoro di stimolazione bilaterale, mentre il paziente si concentra sulla parte disturbante del ricordo traumatico, è possibile ottenere rapidamente ed efficacemente la desensibilizzazione e la rielaborazione dei ricordi traumatici (Fernandez, Maxfield, Shapiro, 2009). La desensibilizzazione e la rielaborazione di ogni aspetto della memoria traumatica e dei ricordi correlati permette di integrare i ricordi traumatici, di creare associazioni più adattive e di dare luogo ad una ristrutturazione cognitiva ed emotiva (Giannantonio, 2009b).

Da un punto di vista teorico, l'EMDR presuppone che questa procedura abbia la capacità di attivare un meccanismo neuropsicologicamente innato, tipico di ogni persona, che è quello dell'elaborazione delle informazioni (Fernandez, Maxfield, Shapiro, 2009), ovvero "certi tipi di stimolazioni prodotte dal terapeuta all'interno di un campo di attenzione duale, con l'attenzione rivolta contemporaneamente da un lato ad uno stimolo esterno prodotto dal terapeuta, dall'altro al flusso di elaborazione mentale, attivano un efficace processo di elaborazione accelerata ed ecologica delle informazioni" (Giannantonio, 2009, p. 210). Si presume quindi che il paziente abbia le risorse per l'elaborazione emotiva e cognitiva di un ricordo traumatico, e che il terapeuta abbia il ruolo di facilitare questo processo (Dworkin, 2010). La scoperta di Francine Shapiro nel 1987 ha sfidato i trattamenti clinici tradizionali per il trattamento del trauma, e dopo poco più di vent'anni continua a stupire, ad essere oggetto di trattamenti e ricerche e a dimostrare il suo successo e la sua efficacia. Infatti, l'EMDR è stato inizialmente rifiutato dalla comunità scientifica, ma gli studi, 16 dei quali randomizzati, sono riusciti a dimostrare la sua efficacia. Oggi l'EMDR si è affermato come il trattamento più efficace per il PTSD, riuscendo a dimostrare la sua efficacia non solo nel risolvere i ricordi traumatici, ma anche nel produrre cambiamenti globali e più adattivi. Inoltre, molti terapeuti utilizzano l'EMDR non solo per il trattamento del PTSD, ma anche per altri disturbi clinici, come i disturbi d'ansia, i disturbi di somatizzazione, i disturbi dissociativi, i disturbi alimentari, i disturbi dell'umore, i disturbi sessuali. L'uso dell'EMDR per tutti i disturbi clinici, con l'eccezione del PTSD, è attualmente considerato la parte più sperimentale e la ricerca e gli studi clinici sono ancora in corso. Anche se l'EMDR ha avuto molto successo in vent'anni, ha ancora molta strada da fare (Maxfield, 2009).

Il lavoro di questa tesi si propone di presentare e approfondire questa procedura innovativa, attraverso un chiarimento teorico, una raccolta e una riflessione delle più importanti ricerche riguardanti l'EMDR e le sue applicazioni in ambito clinico.

Il primo capitolo è dedicato all'approfondimento del trauma psichico. In particolare viene definito questo concetto, con una riflessione che parte dalla definizione data dal DSM-IV-TR e poi espandendosi a concetti come "trauma complesso" e "trauma relazionale precoce". Vengono poi presentate le origini storiche e i più importanti contributi teorici che hanno ampliato il concetto di trauma, con particolare attenzione al ruolo che ha avuto la psicoanalisi. Un'ampia riflessione è dedicata al contributo della teoria dell'attaccamento e ai suoi sviluppi in ambito cognitivista, in cui, in particolare Liotti, ha approfondito il concetto di "paura senza sbocco", caratteristica dell'attaccamento disorganizzato. Infine, viene presentata la categoria diagnostica del "Disturbo Post-traumatico da Stress" secondo il DSM-IV-TR, e il "Disturbo Post-traumatico da Stress Complesso", formulato per la prima volta da Judith Herman (1992) per superare i limiti e l'incompletezza della categoria diagnostica del PTSD. Il capitolo si conclude con la descrizione di ulteriori disturbi causati da esperienze traumatiche.

Il secondo capitolo è dedicato all'Eye Movement Desensitization and Reprocessing (EMDR), con una definizione della procedura e una descrizione delle sue origini e dei suoi usi in ambito clinico. Le basi teoriche su cui si basa l'EMDR sono poi presentate con un esame approfondito del modello AIP (Adaptive Information Processing). Inoltre, viene presentato in dettaglio il protocollo standard dell'EMDR, con una spiegazione degli strumenti caratteristici e delle otto fasi della procedura, e viene descritto l'uso dell'EMDR con i bambini e gli adolescenti, evidenziando i cambiamenti e gli adattamenti applicati per questi gruppi di età. Il capitolo si conclude con una raccolta delle principali ricerche che hanno dimostrato l'efficacia dell'EMDR nel trattamento del PTSD.

Il terzo capitolo è un approfondimento sui Disturbi d'Ansia, con una riflessione sulle teorie dell'ansia, la classificazione dei Disturbi d'Ansia secondo il DSM-IV-TR e una descrizione dei processi di mantenimento generativi e delle credenze psicopatologiche alla base di questi disturbi. Viene poi presentata un'analisi approfondita dei Disturbi d'Ansia in età evolutiva.

Il quarto capitolo è un tentativo di dimostrare l'applicabilità dell'EMDR per altri disturbi clinici, diversi dal PTSD, in particolare per i Disturbi d'Ansia. Sebbene la ricerca verso i disturbi clinici diversi dal PTSD sia ancora scarsa e con molte limitazioni, è stato possibile raccogliere tutti gli studi effettuati per ciascuno dei Disturbi d'Ansia e riflettere sull'efficacia o meno dell'EMDR. L'ultima parte del capitolo comprende un esempio di descrizione della procedura EMDR sul Disturbo di Panico.

La tesi comprende anche un'appendice in cui sono riportati alcuni esempi clinici di trattamento EMDR su alcuni bambini. In particolare, il lavoro ha riguardato la trascrizione delle sedute e la scelta di alcune parti significative di essa per offrire un'illustrazione pratica della procedura EMDR.

1.1 Introduzione all'EMDR

Questa prima parte teorica viene presentata in modo più ampio nella tesi "EMDR: stato dell'arte e future linee di ricerca" della Dott.ssa Manuela Prencipe e nella tesi "Trauma da abuso ed EMDR: presentazione di una ricerca in corso" della Dott.ssa Cristina Mastronardi in cui si sottolinea che l'Eye Movement Desensitization and Reprocessing (EMDR) è un metodo terapeutico, la cui nascita può essere fatta risalire ad una osservazione casuale che Francine Shapiro fece nel 1987:

"Un giorno, camminando in un parco, notai che alcuni pensieri disturbanti che avevo erano improvvisamente scomparsi; notai anche che quando tornavo con la mente a quei pensieri essi non erano più così disturbanti e presenti come prima. L'esperienza passata mi aveva insegnato che i pensieri disturbanti hanno un certo "ciclo"; cioè, tendono a manifestarsi continuamente finché non si fa coscientemente qualcosa per fermarli o cambiarli. Quello che mi colpì quel giorno fu che i miei pensieri disturbanti stavano scomparendo e cambiando senza alcuno sforzo cosciente. (...) Notai che quando i pensieri disturbanti tornavano nella mia mente, i miei occhi cominciavano spontaneamente a muoversi avanti e indietro in una linea diagonale. Di nuovo i pensieri sparivano, e quando li riportavo alla mente, la loro carica negativa era stata notevolmente ridotta. A quel punto cominciai a eseguire deliberatamente i movimenti degli occhi mentre mi concentravo su vari pensieri e ricordi inquietanti e mi resi conto che anche questi pensieri sparivano e perdevano la loro carica emotiva. (...) Alcuni giorni dopo cominciai a provare questo metodo con altre persone (...)".

La ricerca scientifica sull'EMDR ha stabilito che è un trattamento empiricamente supportato e basato sull'evidenza per il Disturbo Post-traumatico da Stress. L'efficacia dell'EMDR non è limitata ai traumi che rientrano nella definizione del DSM, cioè "il soggetto ha sperimentato, ha assistito, o è stato confrontato con un evento potenzialmente fatale, una lesione grave o pericolosa per la vita, o una minaccia alla sua integrità fisica o a quella di altri; la risposta del soggetto include paura intensa, vulnerabilità o orrore.

Al contrario, la sua efficacia è dimostrata anche per tutte le esperienze negative che, pur non rientrando in questa definizione, sono stressanti o generano sintomi post-traumatici.

Il presupposto teorico dell'EMDR è che qualsiasi reazione disfunzionale attuale (ad eccezione delle patologie con base organica o chimica) è sempre il risultato di esperienze precedenti, non necessariamente infantili.

L'EMDR è un approccio centrato sul paziente in cui il terapeuta agisce come facilitatore del proprio processo di autoguarigione.

1.2 Il modello teorico alla base dell'EMDR

Il modello teorico alla base dell'EMDR è quello dell'Accelerated Information Processing (Shapiro, 1995). La formulazione di questo modello, sviluppato per spiegare la velocità con cui si ottengono risultati clinici per mezzo dell'EMDR, è nata dall'osservazione di ciò che è emerso dall'applicazione costante della procedura in campo clinico. Un principio essenziale per spiegare ciò che accade durante l'applicazione dell'EMDR è quello di considerare l'esistenza di un sistema innato in tutte le persone, configurato per elaborare le informazioni e ripristinare la salute mentale in modo simile a quello del resto del corpo fisiologicamente portato a guarire in caso di lesioni.

Questo sistema richiede che l'elaborazione delle informazioni vada verso una "risoluzione adattiva", cioè collegamenti con associazioni ed esperienze appropriate, integrate in uno schema emotivo e cognitivo positivo, per essere utilizzate in modo costruttivo dal soggetto.

Eventi traumatici o situazioni molto stressanti possono sbilanciare il funzionamento dell'elaborazione adattiva delle informazioni.

Il modello di Elaborazione Accelerata delle Informazioni è legato al concetto di reti mnestiche. Una rete mnestica rappresenta un sistema associato di informazioni; metaforicamente, queste reti possono essere immaginate come una serie di canali in cui ricordi, pensieri, immagini, emozioni e sensazioni correlate sono immagazzinate e collegate tra loro. Un evento traumatico, bloccando il sistema innato di elaborazione delle informazioni del cervello, provoca il "congelamento" delle informazioni legate al trauma, che rimangono intrappolate in una rete neurale con le stesse emozioni, credenze e sensazioni fisiche presenti al momento dell'evento. La rete neurale, in cui l'informazione è immagazzinata nella sua forma originale disturbante, è isolata perché i suoi recettori biologici/chimici/elettrici non sono in grado di facilitare adeguatamente la trasmissione tra le strutture neurali. Nessun nuovo apprendimento può avvenire perché l'informazione terapeutica successiva risiede nelle proprie reti neurali e non può creare un legame associativo con essa.

L'ipotesi è che i movimenti oculari utilizzati nell'EMDR innescano un meccanismo fisiologico che attiva il sistema di elaborazione delle informazioni. In particolare, l'elaborazione sarebbe attivata dalla doppia focalizzazione, cioè l'attenzione ai movimenti oculari, o altre stimolazioni bilaterali, e allo stesso tempo agli elementi più significativi dell'esperienza traumatica. Ogni serie di movimenti oculari muove l'informazione disturbante - ad una velocità accelerata - lungo le vie neurofisiologiche appropriate fino alla sua risoluzione adattiva. La risoluzione adattiva si verifica quando le informazioni disfunzionali o disadattive relative a un episodio traumatico nella storia del paziente vengono trasformate in una forma in cui non sono più in grado di innescare risposte disturbanti a livello emotivo, somatico, cognitivo o comportamentale. Ci sono altri stimoli oltre ai movimenti oculari guidati che possono attivare il sistema di elaborazione delle informazioni. Per esempio, il tamburellamento delle mani e la ripetizione di stimoli uditivi si sono dimostrati efficaci.

1.3 Movimenti degli occhi

Non esiste una risposta univoca sul motivo per cui questi stimoli bilaterali richiedono un'elaborazione delle informazioni rapida e adattiva. Esistono, tuttavia, diversi studi che concordano sul fatto che la cooperazione bilaterale tra i due emisferi può essere necessaria per il consolidamento dei ricordi in generale e il mancato consolidamento dei ricordi riferiti a eventi traumatici può svolgere un ruolo cruciale nei traumi irrisolti (Siegel, 2001). In attesa di ulteriori ricerche sui meccanismi neurofisiologici innescati dall'EMDR, l'ipotesi di una maggiore cooperazione bilaterale innescata dai set di movimento oculare può essere considerata plausibile e coerente con le osservazioni cliniche di ciò che accade durante il trattamento. I ricordi e gli stimoli inquietanti vengono desensibilizzati e le informazioni più appropriate e funzionali vengono integrate in uno schema positivo, emotivo e cognitivo. Desensibilizzazione (riduzione del disturbo), intuizioni, cambiamenti nelle risposte fisiche ed emotive sono il risultato della rielaborazione.

1.4 Lo strumento

L'EMDR è un approccio terapeutico integrato che comprende principi, metodologie e procedure compatibili con le principali linee guida psicologiche. Il trattamento EMDR consiste in otto passaggi essenziali.

Fase uno: anamnesi e pianificazione della terapia

Questa fase include la raccolta di informazioni sulla storia del paziente e sul funzionamento attuale per determinare l'adeguatezza dell'implementazione dell'EMDR. Un criterio chiave per valutare l'idoneità dei pazienti all'EMDR è la loro capacità di gestire gli alti livelli di disturbo potenzialmente innescati dall'elaborazione delle informazioni disfunzionali. La valutazione deve includere una stima della stabilità personale e dei vincoli attuali nella vita del paziente, siano essi sociali, personali o di salute.
Una volta che il paziente è stato giudicato idoneo alla terapia EMDR, il terapista raccoglie le informazioni necessarie per attuare un piano di trattamento. Viene

effettuata una valutazione dell'intero quadro clinico, compreso il comportamento disfunzionale del paziente, i sintomi e le caratteristiche su cui è necessario concentrarsi. Quindi, il terapeuta identifica gli obiettivi specifici che dovranno essere rielaborati.

Questi obiettivi includono gli eventi che hanno inizialmente causato lo sviluppo della patologia, i fattori scatenanti attuali che innescano il disturbo e le abilità di cui il paziente ha bisogno per facilitare il comportamento adattivo in futuro.

Fase due: preparazione del paziente

La fase di preparazione include la creazione di un'alleanza terapeutica, la spiegazione del processo e gli effetti dell'EMDR, la gestione delle preoccupazioni dei pazienti e l'insegnamento delle procedure di rilassamento e sicurezza. Per ottenere il consenso informato, il terapeuta deve fornire informazioni al paziente sulla possibilità di disagio emotivo durante e dopo le sessioni EMDR.

Queste informazioni consentono al paziente di organizzare i propri impegni lavorativi e sociali in modo tale da adattarli agli eventuali disturbi emotivi che possono insorgere. Educare i pazienti all'uso delle tecniche di rilassamento è essenziale per la gestione finale di questi disturbi.

Fase tre: valutazione

In questa fase il terapista individua i ricordi da utilizzare come target e tutte le componenti ad essi associati: immagini, cognizioni, emozioni e sensazioni fisiche. Una volta individuato il ricordo, infatti, al paziente viene chiesto di scegliere l'immagine traumatica più rappresentativa di quell'evento traumatico. Al paziente viene quindi chiesto di identificare una cognizione negativa, cioè una dichiarazione che esprima la convinzione negativa sottostante o l'autovalutazione disadattiva associata all'immagine. Una volta identificata la cognizione negativa, il passo successivo della sessione EMDR è l'identificazione da parte del paziente della cognizione positiva e la sua classificazione sulla scala di validità cognitiva (VOC). Questa scala, utilizzata per misurare quanto la cognizione positiva vera e credibile viene percepita dal paziente, è divisa in sette punti, dove uno significa "completamente falso" e sette significa "completamente vero". Quando si sviluppa una cognizione positiva, il paziente deve essere istruito, se necessario, a fare una dichiarazione in prima persona che includa un locus of control interno. A questo punto, al paziente viene chiesto di concentrarsi sull'immagine della memoria e della cognizione negativa, di indicare l'emozione che prova e di dare una valutazione attraverso la scala dell'Unità Soggettiva di Disturbo (SUD). Questa scala, che è un indice soggettivo con cui il paziente valuta la quantità di disturbo che il bersaglio della memoria crea in questo preciso momento, è divisa in dieci punti, dove zero significa "non disturbante / neutro" e dieci "il peggior disturbo immaginabile". Infine, il paziente identificherà la posizione delle sensazioni fisiche che emergono quando si concentra sulla memoria traumatica.

Fase quattro: desensibilizzazione

Durante la fase di desensibilizzazione, il terapista ripete serie di movimenti oculari (o forme alternative di stimolazione) fino a quando il livello SUD del paziente non scende a zero o uno. I risultati clinici indicano che in circa la metà dei pazienti il trattamento può bloccarsi; in questi casi, il protocollo fornisce procedure EMDR avanzate per superare il blocco. In questa fase, non c'è necessariamente una diminuzione immediata dell'emotività negativa; non sono infrequenti le abreazioni, ovvero disturbi emotivi ad alta intensità durante i quali il soggetto "rivive" una parte dell'esperienza traumatica, in cui il disturbo raggiunge il suo massimo livello prima di iniziare a diminuire.

Fase cinque: installazione

Nella quinta fase della terapia, viene installata la cognizione positiva. Innanzitutto è necessario verificare se la cognizione positiva iniziale è ancora valida o se nel frattempo ne è emersa una più idonea. A questo punto, il terapeuta chiede al paziente di concentrarsi contemporaneamente sulla cognizione positiva e sulla memoria target. Il terapista quindi continua con le serie di movimenti oculari fino a quando la valutazione del paziente della cognizione positiva raggiunge un livello di sei o sette sulla scala VOC. L'obiettivo finale è l'installazione di una cognizione positiva forte e pienamente valida, che accresca il senso di autoefficacia e autostima del paziente.

Fase sei: scansione del corpo

Dopo la completa installazione della cognizione positiva, al paziente viene chiesto di concentrarsi sia sull'evento target che sulla cognizione positiva e di esplorare mentalmente il proprio corpo dall'alto verso il basso al fine di identificare qualsiasi tensione residua che si manifesta sotto forma di fisico sensazioni. Questi ultimi sono, quindi, oggetto di serie successive. L'elaborazione non è completata fino a quando non c'è una scansione corporea priva di tutte le sensazioni negative associate.

Fase sette: chiusura

Il paziente deve essere riportato a uno stato di equilibrio emotivo entro la fine di ogni seduta. In EMDR, l'elaborazione non è sempre completata all'interno di una sessione; per questo motivo è fondamentale fornire al paziente adeguate istruzioni al termine della seduta.

In particolare, il terapista deve ricordare al paziente che immagini, pensieri o emozioni disturbanti che possono emergere tra una seduta e l'altra sono un segno positivo, in quanto testimoniano di ulteriori elaborazioni.

Il paziente viene quindi istruito a tenere un diario in cui registrare pensieri, situazioni, sogni e ricordi negativi che possono sorgere. L'utilizzo del diario consente al paziente di creare una distanza cognitiva dal disagio emotivo attraverso la scrittura; i disturbi annotati nel diario possono essere utilizzati come obiettivo per la sessione successiva. L'assenza di un'accurata revisione da parte del terapeuta potrebbe comportare il rischio di scompenso o, in casi estremi, suicidio nel paziente.

Fase otto: riesame

La rivalutazione dovrebbe avvenire all'inizio di ogni sessione successiva. Il terapista chiede al paziente di rientrare nel target precedentemente elaborato e controlla le risposte del paziente per determinare se gli effetti terapeutici sono stati sostenuti. Il terapista può rivolgersi a nuovo materiale solo dopo essersi assicurato che il trauma precedentemente trattato sia stato completamente integrato. L'integrazione è determinata in termini di fattori intrapsichici e aspetti problematici all'interno del sistema familiare e sociale del paziente. L'EMDR è il metodo elettivo per il trattamento del Disturbo Post-traumatico da Stress, ma è anche efficace con tutte quelle esperienze negative che, pur non provocando l'insorgenza di questo disturbo, generano stress e sintomi post-traumatici.

<u>Il protocollo tridimensionale
presente, passato e futuro</u>

La funzione del trattamento EMDR è quella di liberare il paziente dai ricordi disfunzionali immagazzinati nel passato che contengono emozioni e prospettive che danno origine alla patologia attuale. È meno difficile per il paziente migliorare le proprie abilità sociali se ha elaborato ricordi passati disfunzionali che gli causano sentimenti di inadeguatezza e insicurezza nel presente.

È proprio per questo motivo che il protocollo generale dell'EMDR si caratterizza per l'utilizzo e l'elaborazione di target passati (i primi, i peggiori), presenti (i più recenti, gli eventi scatenanti) e futuri (scenari).

Di seguito il capitolo sulla Terapia Individuale Sistemica, in cui verranno spiegate le teorie epistemologiche che hanno costituito la cornice per l'analisi del caso clinico.

2 Il trauma psichico

2.1 Introduzione

Nel DSM-IV-TR (American Pychiatric Association, 2000), l'unico agente eziologico del trauma è il Disturbo Post-Traumatico da Stress (PTSD). Qui, il trauma è definito come un fattore in cui il soggetto vive, assiste o si imbatte in uno o più eventi che possono comportare la morte, lesioni gravi o una minaccia all'integrità fisica di se stessi e degli altri. Tra gli eventi traumatici possiamo trovare: torture, abusi fisici o sessuali, aggressioni, incidenti, malattie gravi, disastri naturali, ecc. La definizione data dal DSM-IV-TR (American Pychiatric Association, 2000) è però restrittiva, in quanto privilegia una valutazione oggettiva del trauma e tende a prendere in considerazione eventi comuni, concreti e facilmente collocabili nel tempo e nello spazio. Riguarda reazioni psicopatologiche che si applicano ad un singolo evento traumatico, o ad un numero limitato di traumi, e quindi non si adatta alla descrizione di traumi complessi e cumulativi avvenuti in periodi lontani, soprattutto nell'infanzia (Farina, Liotti, 2011b). Il trauma, in realtà, è un concetto molto più ampio che può compromettere il senso di integrità del Sé. In particolare, il trauma può riguardare esperienze di fallimento ambientale e interpersonale, come separazione, abbandono, violenza psicologica, che hanno conseguenze sul funzionamento emotivo, cognitivo, affettivo e relazionale del bambino (Ammaniti, 2010). "La diagnosi di PTSD non è sufficiente a cogliere la complessità della sofferenza legata al trauma" (Farina, Liotti, 2011b, p. 21).
Volendo dare una definizione di "trauma complesso", che si riferisce ad eventi traumatici multipli, cronici,

prolungati, di natura interpersonale, spesso nel sistema delle cure primarie, ad esordio precoce, esso riguarda tutte "quelle condizioni continue o temporanee, cumulative o improvvise che portano ad impoverire per eccesso o per difetto il corpo e la mente in crescita" (Borgogno, 1999 p.163). "Come risultato di queste privazioni precoci e dell'indisponibilità di caregiver, si verifica una sopraffazione del Sé in formazione che si trova costretto a subire una situazione di impotenza e angoscia" (Barbasio, 2009, p.13). Secondo Borgogno (1999), questi soggetti vivono esperienze di annientamento psichico, con la conseguente perdita di soggettività autentica e di esistenza psichica autonoma e diversa. Ciò che rende il trauma traumatico, non sono tanto gli eventi in sé che si ripetono cumulativamente, ma il fatto che il soggetto non viene assistito, rimane solo e subisce "un colpo di fulmine". Il trauma non trova un ambiente capace di accoglierlo, contenerlo e riconoscerlo (Borgogno, 2007). L'esperienza terrificante e incomprensibile viene negata, rinnegato, non è integrato, quindi non è rappresentabile psichicamente. Di conseguenza, la psiche viene privata dei propri spazi mentali (Borgogno, 1999). "Il bambino viene infatti espropriato di qualcosa di proprio e specifico, trovando depositato al suo interno qualcosa di estraneo ed estraneo, che proviene da altri e che in molti casi uccide ogni vita ed ogni crescita" (Borgogno, 1999, p.101). Il trauma complesso, quindi, può avere effetti significativamente gravi, soprattutto quando chi lo subisce è nel pieno sviluppo della personalità. Esso mina tutte quelle "capacità di autoregolazione psicobiologica, di adattamento all'ambiente interpersonale, di costruzione dell'immagine di sé [...] nella regolazione delle emozioni" (Farina, Liotti, 2011b, p.22), e può portare alla comparsa di sintomi di PTSD, dissociazione e alterazione dell'identità (Farina, Liotti, 2011b).

In conclusione, possiamo richiamare l'attenzione sul fatto che il trauma può essere concepito in modi diversi: come "evento traumatico", un singolo e circoscritto evento stressante che minaccia la capacità di resistenza del soggetto, come "sviluppo traumatico", traumi che si ripetono in modo cumulativo, da cui è impossibile uscire. Si tratta quindi di traumi complessi (Farina, Liotti, 2011a). Recentemente si è iniziato a parlare di un altro tipo di trauma, il "trauma relazionale precoce" (Schore, 2002), un tipo di trauma complesso, caratteristico dei primi due anni di vita, che coincide con la disorganizzazione dell'attaccamento, caratterizzato da interazioni tra il bambino e il caregiver basate su un contagio di paura, espresso dall'adulto e assorbito dal bambino (Liotti, 2005a). Questo tipo di paura è noto come "paura fuori dai limiti", ed è determinato da caregiver trascurati, maltrattati, dissociati, spaventati, la cui presenza non fornisce protezione e sicurezza, ma pericolo e traumi ripetuti. Di fronte a questo terrore, il bambino non ha vie d'uscita, non ha soluzioni e, di conseguenza, non ha la possibilità di organizzare e integrare in modo adattivo e coerente il suo sistema di attaccamento (Farina, Liotti, 2011b). "Se le condizioni di minaccia interpersonale [...] si verificano ripetutamente durante l'infanzia e l'adolescenza (o non si combinano con particolari fattori protettivi), esse portano ad uno sviluppo traumatico e possono causare disturbi dissociativi e un'ampia vulnerabilità psicopatologica e fisica" (Liotti, 2011a, p. 10).

2.2 Le origini storiche
del trauma psichico

Il concetto di trauma è nato intorno al 1880 in campo neurologico. Nel 1883 Herbert Page pubblicò un articolo sugli incidenti ferroviari e formulò il concetto di "shock nervoso", identificando la paura come causa dei sintomi nervosi. Nel 1884 Adolf Strumpell, approfondendo gli studi di Page, costruì la nozione di "trauma psichico" (Borgogno, Bonomi, 2001).
Il contributo più importante, in quegli anni, fu dato da Jean Martin Charcot (1890) con la sua nozione di "paralisi isterico-traumatica". Secondo Charcot, uno shock psichico genera l'idea di un danno grave che può trasformarsi in un'idea patogena e produrre sintomi, in particolare la paralisi. Questa teoria fu un momento di cambiamento decisivo, poiché si diffuse l'idea di dover interpretare psicologicamente i sintomi post-traumatici. Ma, soprattutto, grazie a Charcot, il concetto di isteria cominciò ad essere compreso da un punto di vista psicologico e interpretato a partire dal trauma. Nel 1889 Pierre Janet ipotizzò che i sintomi istero-traumatici fossero causati da un'incapacità del soggetto di rimuovere le emozioni e i ricordi legati al trauma. Secondo Janet, i ricordi traumatici rimanevano dissociati e fissati in una parte inconscia della mente e non venivano integrati in modo coerente e adattivo nelle attività psichiche. Della stessa idea fu il neurologo Hermann Oppenheim che, nel 1888, formulò la categoria diagnostica di "nevrosi traumatica" (Borgogno, Bonomi, 2001).
Con la prima guerra mondiale, questo tema fu abbandonato, anche se la nevrosi traumatica e i sintomi post-traumatici erano comuni. La nozione di nevrosi traumatica ricominciò ad essere considerata dalla co-

munità scientifica dopo la guerra del Vietnam. Nel 1980, infatti, la categoria diagnostica del "Disturbo Post-Traumatico da Stress" (PTSD) fu introdotta nel DSM-III (American Psychiatric Association, 1980). La nuova categoria diagnostica si concentrò nuovamente sul trauma psichico, e gli studi, oltre alle problematiche poste dai veterani di guerra, si allargarono ad altri argomenti come l'Olocausto e l'abuso fisico e sessuale nell'infanzia, fino alla nascita di una nuova disciplina, la "psicotraumatologia" (Borgogno, Bonomi, 2001).

Tra le origini del trauma psichico è fondamentale riconoscere il ruolo della psicoanalisi che, a differenza dell'approccio descrittivo/classificatorio, ha cercato di ampliare il concetto, andando a comprendere l'origine, la qualità, il modo di agire e le conseguenze del trauma. Fu Freud a trattare i sintomi adulti, all'epoca considerati segni di una predisposizione neuropatica, e a considerare all'origine di questi un "trauma infantile". Inizialmente abbracciò gli studi di Charcot (1890) sulla paralisi isterico-traumatica. Ma il passo decisivo fu il "modello catartico", alla base del quale il disturbo traumatico è la conseguenza della rimozione e quindi dell'episodio traumatico non sufficientemente scaricato. Con il metodo catartico Freud (1892-1895) cercava di evocare, nei suoi pazienti, l'esperienza traumatica, per permetterne la scarica. Questo modo di procedere portò Freud a notare che alla base del trauma c'erano situazioni infantili di seduzione o di abuso sessuale. Nel 1896 formulò la "teoria della seduzione", sostenendo che alla base del sintomo nevrotico erano presenti esperienze di abuso sessuale precoce, e cominciò a considerare il trauma infantile come causa diretta della psiconevrosi. Poco dopo, però, nel 1897, modificò la teoria, abbandonò l'idea del trauma infantile come evento reale e cominciò a considerarlo, invece, come una costruzione fantasmatica. Per Freud, i sintomi isterici divennero l'espressione simbolica del conflitto tra desideri inconsci e difese dell'Io (Borgogno, Bonomi, 2001).

Dopo vent'anni di abbandono, la teoria del trauma riemerse e fu rivalutata grazie al contributo di Sandor Ferenczi. Il suo interesse per il trauma fu risvegliato quando fu nominato medico militare nella prima guerra mondiale. In questo periodo Ferenczi (1916, 1919) formulò la nozione di "ferita narcisistica", secondo la quale la regressione tipica della nevrosi di guerra era legata ad una ferita dell'ego, dell'amor proprio. Più tardi Ferenczi cercò di trattare il trauma facendo riferimento anche agli studi biologici di Freud, sostenendo che il corpo può essere utilizzato per esternare le fantasie inconsce. "Così, l'idea di trauma si riscopre nel significato originario di ferita sul corpo vivo, perché si tratta di una ferita che non colpisce solo una parte anatomica, ma anche il significato che questa parte ha per il soggetto: una mutilazione del volto, ad esempio, ferisce il senso che l'Io ha di se stesso in relazione agli altri. Insomma, il corpo è al centro di un modo di significato ed è questo mondo che viene sconvolto dal trauma" (Borgogno, Bonomi, 2001, p.104-105). Quindi, se per Freud il trauma genera un'idea patogena e quindi un nuovo significato, in Ferenczi, invece, è qualcosa che disintegra e frammenta la mente in più parti (Bonomi, Borgogno, 2001). Più precisamente, secondo Ferenczi (1929), il trauma è "una sottrazione di qualcosa che modifica l'inizio naturale della vita psichica attraverso operazioni di intrusione ed estrazione che segnano e danneggiano l'esperienza del bambino" (Borgogno, 1999, p.163), "un evento interpersonale che induce un blocco forzato nel potenziale evolutivo del bambino verso la nascita alla vita" (Albasi, Boschiroli, 2003, p.22).

Secondo Ferenczi (1931), l'individuo si sviluppa, cresce e può dare origine al proprio Sé grazie ad un ambiente che sa contenere, dare forma, significato e cure adeguate. Tuttavia, quando l'ambiente si dimostra inadeguato e lo mette di fronte a situazioni traumatiche, il bambino prova sentimenti di grande angoscia (Boschiroli, 2003). L'aspetto più significativo, però, che contribuisce a rendere il trauma "traumatico" è il meccanismo di "negazione" messo in atto dall'adulto che nega e ignora la realtà del bambino. Questa deviazione e non riconoscimento, paralizza il pensiero, priva la mente dei propri spazi mentali e minaccia la soggettività del bambino (Borgogno, 1999). Per un bambino, poter superare la paura e il dolore, la condivisione, l'ascolto e il sostegno del genitore è fondamentale. Quando questo non avviene, il bambino rimane solo con la sua disperazione (Frankel et al., 2004). "L'adulto, che quasi sempre si comporta come se nulla fosse accaduto, proibisce al bambino non solo di usare la parola, ma anche la possibilità di creare una rappresentazione e una fantasia. Le parole del bambino rimangono [...] sepolte vive e, per questo, sotto la pressione di altri eventi traumatici, si può produrre una frammentazione della personalità" (Bonomi, Borgogno, 2001 p.168). Di fronte a questa situazione "non c'è scampo". "L'unica possibilità di salvezza è una ristrutturazione autoplastica della personalità: una parte della struttura psichica (quella che sta soffrendo e che sente il pericolo mortale in atto) viene scissa e allontanata dalla fonte del pericolo, viene nascosta nelle profondità dell'inconscio, un luogo apparentemente sicuro e riparato da ciò che sta accadendo [...] la quiete viene raggiunta per autodistruzione con automutilazione di sé o parti di sé" (Boschiroli, 2003, p. 125).

Di conseguenza, l'evento traumatico non ha la possibilità di essere inscritto e collocato nella psiche, diventando così inaccessibile alla memoria. L'unico conduttore in grado di trasportare i ricordi traumatici è il corpo (Bonomi, Borgogno, 2001). Inoltre, oltre al fatto che il trauma rimane non riconosciuto, non registrato e non trasformato in evento psichico, non viene accettato dal bambino come verità, e viene sostituito dalla realtà presentata dai genitori. Questo accade perché il bambino preferisce rinunciare alla verità, per non mettere in pericolo la relazione con il genitore (Frankel et al., 2004). Il prezzo da pagare è il sacrificio di se stessi, la frammentazione e la perdita della propria soggettività (Borgogno, 1999). "Gran parte della vita emotiva e mentale inconscia viene mutilata, pietrificata, congelata e resa morta, o almeno dissociata e frammentata, con un'evidente immisione globale del proprio essere nel mondo e diventare attori della propria esistenza" (Borgogno, 2005, p.3). "Il risultato di questo processo è quindi una non-esistenza in termini identitari ed esistenziali, non c'è passato e non c'è futuro. Il soggetto coattivamente vive e agisce in un presente che però è un presente senza senso" (Boschiroli, 2003, p.129).

Secondo Ferenczi (1931), solo l'incontro con un'altra persona, in particolare con il terapeuta, può permettere un riconoscimento della "catastrofe" e della sua continua ripetizione che avviene a livello corporeo e relazionale e che avviene anche nell'interazione tra paziente e terapeuta. Il terapeuta deve essere in grado di condividere, rispettando il bisogno di realtà del paziente, per permettere il passaggio da qualcosa che non ha avuto luogo alla nascita di un nuovo luogo, ma questa volta con strumenti emotivi alternativi e diversi rispetto all'esperienza passata (Bonomi, Borgogno, 2001). "Il trauma non riguarda solo ciò che è avvenuto, ma ciò che non è avvenuto perché, nel suo modo di vedere, manca quel luogo di incontro tra menti che è essenziale per un sano sviluppo psichico" (Borgogno, 2005, p.5). Secondo Ferenczi (1931), quindi, l'obiettivo del terapeuta è quello di fornire al paziente un ambiente adeguato che non ha potuto sperimentare in passato, e di porre fine alla ripetizione di quella catastrofe che paradossalmente gli è familiare, ma che non sente come propria, per farla metabolizzare e finalmente dire (Bonomi, Borgogno, 2001).

2.3 Trauma psichico e teoria dell'attaccamento: sviluppi e nuove prospettive

La teoria dell'attaccamento di John Bowlby (1969, 1973, 1980) e dei suoi collaboratori, rappresenta un interessante punto di incontro tra diversi orientamenti quali la psicoanalisi, la psicologia cognitiva, l'etologia, l'etologia, la cibernetica, la neurofisiologia, l'approccio sistemico che hanno dato vita ad una solida teoria, interessante anche per quanto riguarda il trauma psichico (Giannantonio, 2009a).
Bowlby (1969, 1973, 1980), mosso dal desiderio di esprimere il suo dissenso nei confronti della psicoanalisi classica, e facendo riferimento alle scoperte in campo etologico, in particolare agli studi di Lorenz sull'imprinting (1949) e a quelli di Harlow sui macachi rhesus (1958), arrivò a formulare una teoria del tutto rivoluzionaria, ponendo al centro il concetto di "at-

taccamento" e sostenendo che la motivazione primaria nello sviluppo del bambino fosse la "motivazione
di attaccamento" (Blandino, 2009).
Il sistema di attaccamento è un sistema motivazionale
che comporta la ricerca di vicinanza ad una figura
identificata come capace di fornire protezione e vicinanza. Quando manca la protezione o la sicurezza, il
bambino esprime il suo disagio attraverso la protesta.
Le figure di accudimento hanno il compito di fornire
una "base sicura", cioè un luogo dove tornare dopo
normali allontanamenti per esplorare il mondo, dove
essere rassicurati, confortati e nutriti (Giannantonio,
2009a). Bowlby scrive (1986, p.23, cit. in Blandino,
2009, p.323): "Uso il termine attaccamento per indicare un modello di comportamento che si basa sull'elici-
tazione, o ricerca, di cure da parte di qualcuno che si
sente meno capace di affrontare il mondo rispetto a
qualcun altro a cui indirizza le sue richieste".
Grazie agli studi di Mary Ainsworth e dei suoi collaboratori (1978) sulla Strange Situation, è stato possibile dimostrare che i bambini sviluppano un modello di
attaccamento specifico verso i caregiver durante il
primo anno di vita. I pattern di attaccamento possono
essere considerati come strategie adattive/difensive
adottate dal bambino nei confronti della disponibilità
emotiva mostrata dalle figure di attaccamento nei suoi
confronti durante il primo anno di vita. La Strange
Situation è una procedura standard, composta da otto
fasi, in cui si osserva il comportamento del bambino
di fronte a condizioni di stress. In particolare, si os-
servano i comportamenti di esplorazione e le reazioni
del bambino in presenza o in assenza della figura di
attaccamento, compresi i momenti di ricongiungimento (Blandino, 2009).
In sintesi, sono stati individuati quattro stili di attac-

camento (Ainsworth et al.,1978): - "sicuro" o "tipo B", caratterizzato da una madre reattiva e sensibile e da un bambino capace di esplorare l'ambiente circostante, di protestare adeguatamente per la separazione dalla madre e di essere facilmente consolabile, cercando il contatto durante il ricongiungimento; "insicuro-evitante" o "tipo A", caratterizzato da una madre insensibile alle richieste di aiuto e conforto, e da un bambino che non condivide il gioco con il genitore, non mostra disagio di fronte alla separazione con quest'ultimo e non cerca il ricongiungimento, rifiutando anche marcatamente il contatto fisico; "insicuro-ambivalente" o "tipo C", caratterizzato da una madre imprevedibile e poco reattiva e da bambini inconsolabili al momento della separazione, incapaci di esplorare l'ambiente e ambivalenti al momento del ricongiungimento; "disorganizzato" di "tipo D", introdotto successivamente da Main e Solomon (1990), caratterizzato da una madre che incute terrore e da figli che manifestano comportamenti incoerenti e paradossali nei confronti del genitore (ad esempio lo cercano e contemporaneamente lo rifiutano).

Gli stili di attaccamento nei primi anni di vita presentano alcune caratteristiche interessanti (Liotti, 2005b): sono stabili nel corso dello sviluppo, quindi hanno un valore predittivo ma non causativo, in quanto possono cambiare grazie alle successive esperienze interpersonali; sono uniche e specifiche per ogni relazione con cui il bambino è impegnato si traducono in strutture cognitive prima implicite e poi dichiarative chiamate "Modelli Operativi Interni" (MOI), e comprendono rappresentazioni mentali del Sé, della figura di attaccamento e dello stato emotivo associato alla relazione. Il MOI è l'aspetto più interessante della teoria dell'attaccamento. Essi implicano infatti che "la memoria implicita del bambino, a partire dai primi giorni di vita, sintetizza progressivamente le sequenze interattive in cui la figura di attaccamento risponde alle sue emozioni di attaccamento, organizzandole in rappresentazioni generalizzate delle interazioni" (Farina, Liotti, 2011b, p.74). Attraverso la Strange Situation è possibile osservare il comportamento del bambino. Per indagare, invece, l'attaccamento adulto si utilizza l'Adult Attachment Interview (AAI) (Main, Goldwyn, 1994-1998, George, Kaplan, Main, 1996), un'intervista standardizzata che esplora i ricordi autobiografici nelle passate relazioni di attaccamento e permette di identificare gli "stati mentali relativi all'attaccamento" (Farina, Liotti, 2011b). Sono stati identificati quattro "stati mentali" di attaccamento, corrispondenti ai modelli di attaccamento identificati con la Strange Situation (Main et al., 1985):

- autonomo sicuro: narrazioni coerenti e oggettive delle proprie esperienze di attaccamento, con apprezzamento e comprensione di tutte le emozioni correlate;
- distanziante: narrazioni incoerenti delle esperienze di attaccamento, con un'idealizzazione delle figure di attaccamento, non supportate però da episodi specifici;
- preoccupato: narrazioni incoerenti e vaghe, caratterizzate da sentimenti di preoccupazione e/o rabbia verso le figure di attaccamento;
- irrisolto/disorganizzato: narrazioni irrisolte, caratterizzate da ricordi di episodi traumatici o da lutti non elaborati e integrati.

Un'importante scoperta nel campo della ricerca è il forte legame tra i caregiver con un modello di attaccamento irrisolto e la disorganizzazione dell'attaccamento precoce nei loro figli (Liotti, 2004). "Quando ricordi traumatici irrisolti affiorano nella coscienza dei genitori, mentre sono impegnati a rispondere alle richieste di cura dei loro figli, la sofferenza mentale legata a questi ricordi attiva il sistema di attaccamento delle figure di attaccamento, proprio quando, allo stesso tempo, anche il sistema di cura è attivo in lui o lei". (Liotti, 2005a, p.136). La figura di attaccamento, non ottenendo conforto dalla sua sofferenza, attiva emozioni di paura e/o rabbia. Di conseguenza, il sistema di cura dei propri figli può essere interrotto da improvvise e inconsapevoli manifestazioni di allarme o di rabbia, che suscitano una forte paura nei propri figli. In questo modo, si attiva nel bambino il sistema di difesa dall'evitamento o dall'attacco/fuga per proteggerlo dalla paura. Si crea quindi l'attivazione di due sistemi motivazionali che entrano in conflitto senza soluzione (Liotti, 2005a). "Nelle interazioni di attaccamento disorganizzato, il genitore è motivato, contemporaneamente, sia dal sistema di attaccamento che dal sistema di cura, e il bambino sia dal sistema di attaccamento che dal sistema di difesa" (Liotti, 2005a, p. 137). In realtà, però, la distanza relazionale del bambino dal genitore "irrisolto", causata dal sistema di difesa, attiva il sistema di attaccamento, per cui la figura di attaccamento, per il bambino, è vista sia come fonte che come soluzione della paura. Questa situazione intersoggettiva è definita come "paura senza soluzione", un circolo vizioso senza soluzione della paura crescente e delle interazioni incoerenti e paradossali di avvicinamento ed evitamento. Lo "spavento senza soluzione" porta il bambino alla disorganizzazione del comportamento di attaccamento e alle reazioni dissociative. Di fronte a figure di attaccamento che suscitano dolore e paura e che non offrono cura, protezione e conforto, l'esperienza relazionale si trasforma in un'esperienza traumatica ripetuta, anche in assenza di maltrattamento (Liotti, 2005a). "È plausibile su basi teoriche, e in parte supportato da dati empirici, che il MOI costruito nel DA sia multiplo e non integrato, oltre che emotivamente carico di esperienze drammatiche e di paura senza soluzione. In altre parole, il MOI disorganizzato è intrinsecamente dissociato (compartimentato) dai suoi contenuti rappresentativi: di se stesso (rappresentato allo stesso tempo come bisognoso, che riceve cure, e minacciato), e dell'altro (rappresentato contemporaneamente come disposto a offrire cure, incapace di offrirle, violento, spaventato, e impotente)". (Farina, Liotti, 2011b, p. 82).

Liotti (2005a) utilizza una metafora per spiegare questa condizione intersoggettiva, che è quella del "triangolo drammatico". Secondo questa metafora il bambino percepisce, allo stesso tempo, se stesso e la figura di attaccamento come: persecutore, salvatore e vittima. La figura di attaccamento è un persecutore come causa della paura senza sbocco, il bambino è la vittima che la sperimenta, ma la figura di attaccamento è anche il salvatore che, nonostante i ricordi traumatici irrisolti, può essere una potenziale fonte di conforto. Contemporaneamente il bambino si percepisce come persecutore, poiché si considera la causa della paura e del dolore dell'adulto, la figura di attaccamento è la vittima di questo pericolo, ma il bambino può anche considerarsi il salvatore dell'adulto fragile e ferito.

La teoria dell'attaccamento permette di focalizzare l'attenzione sul fatto che ciò che può portare al PTSD non è "l'esperienza traumatica in sé, ma il fatto che essa induce o comunque mobilita una rappresentazione di sé e della FDA nella modalità dissociata del "triangolo drammatico" [...] suggerisce di considerare il trauma in stretta relazione con stati affettivi che non sono stati integrati in strutture unitarie e coerenti di significato riguardanti la relazione con la FDA. Questi stati affettivi, in altre parole, sopravvivono in stati somatici o comunque nella memoria implicita del MOI disorganizzato, non pienamente integrato nel flusso della memoria semantica esplicita. Possono rimanere ad un livello latente di attività mentale finché, innescati da un evento che attiva potentemente il sistema di attaccamento, intervengono a disorganizzare le funzioni integrative di coscienza, memoria e identità" (Liotti, 2005a, p.139-140).

Per capire in che senso gli stati affettivi del MOI disorganizzato rimangono a livello latente, è importante capire cosa succede nel successivo sviluppo dell'attaccamento disorganizzato (Liotti, 2005a). Il punto di partenza da cui partire sono i "sistemi motivazionali". Questi sistemi possono essere visti come "moduli specializzati in funzioni essenziali per la sopravvivenza e la vita sociale, ognuno dei quali è funzionalmente indipendente dagli altri: nella terminologia di Fodor (1983), i moduli sono incapsulati. Ogni modulo di questo tipo, una volta attivato, organizza le funzioni mentali e la condotta, in direzione dell'obiettivo del sistema motivazionale corrispondente, fino al raggiungimento o all'abbandono di tale obiettivo" (Farina, Liotti, 2011b, p. 66). I sistemi motivazionali non sono solo istinti, tendenze innate, ma sono influenzati dall'apprendimento. Sono organizzati in modo gerarchico, e ogni livello riflette il modo in cui sono apparsi secondo l'evoluzione (vedi Tabella 1.1.). Il livello inferiore è il più arcaico, già tipico dei rettili, il livello intermedio è presente nei mammiferi e regola le interazioni tra i membri di una specie, mentre il livello superiore, specifico dell'uomo, riguarda i sistemi motivazionali più recenti e più evoluti, come la costruzione del significato, l'intersoggettività, la sintesi personale (Farina, Liotti, 2011b).

Primo livello (cervello rettiliano):

- Regolazione fisiologica (alimentazione, termoregolazione, cicli sonno-veglia)

- Difesa (aggressione, immobilizzazione e fuga in situazioni pericolose)

- Esplorazione

- Territorialità

- Sessualità (senza formazione della coppia).

Secondo livello (Cervello Mammifero, Limbico):

- Attaccamento (ricerca di cura e vicinanza protettiva)

- Cura (offerta di cura)

- Sessualità di coppia

- Competizione

Cooperazione paritaria Gioco sociale

Affiliazione di gruppo

Terzo livello (Neocorteccia):

- Intersoggettività

- Costruzione di strutture significative

In particolare, i bambini che durante il secondo anno di vita sono risultati nella Strange Situation "disorganizzati", nello sviluppo successivo, in particolare tra il terzo e il sesto anno di vita, assumono un comportamento organizzato nei confronti della figura di attaccamento che viene definito "controllante". La strategia di controllo può essere "assistenziale" quando il bambino attiva il sistema di cura del caregiver invece del sistema di attaccamento, invertendo così i ruoli di attaccamento, oppure "punitiva" quando il bambino inibisce il sistema di attaccamento e attiva il sistema competitivo o di rango, orientando le interazioni non verso la cura e l'aiuto, ma l'aggressività e il dominio.

L'inibizione del sistema motivazionale di attaccamento e l'attivazione dei sistemi motivazionali di cura e competitivo, rappresentano funzioni difensive che permettono al bambino di affrontare i vissuti angosciosi e dissociati dell'attaccamento disorganizzato (Farina, Liotti, 2011b). Pertanto, "le strategie di controllo riducono la possibilità che il MOI disorganizzato emerga alla coscienza nella maggior parte delle situazioni quotidiane che possono risvegliare il sistema di attaccamento [...] Attivazioni intense e durature del sistema di attaccamento possono, tuttavia, superare la capacità di tenuta di queste strategie causando il collasso e, di conseguenza, il riemergere incontrollato di stati mentali disorganizzati relativi al MOI dell'attaccamento disorganizzato" (Farina, Liotti, 2011b, p.102).

Il crollo delle strategie di controllo può spiegare cosa succede quando si subisce un evento psicologico traumatico. La risposta al dolore fisico e psicologico comporta l'attivazione del bisogno di aiuto, conforto e cura, cioè il sistema motivazionale di attaccamento. L'attivazione del bisogno di attaccamento, però, attiva anche il MOI che lo regola e quindi tutte le aspettative di risposta di cura. Se il MOI dell'attaccamento sicuro è un fattore protettivo, quello insicuro e, in particolare, quello disorganizzato, rappresenta, invece, una non protezione verso gli eventi traumatici e un ulteriore pericolo. Il soggetto riattiva così il MOI disorganizzato, costituito da rappresentazioni non integrate e contraddittorie di sé e della figura di attaccamento, e si espone ad un'esperienza dissociativa (Farina, Liotti, 2011b). "Il MOI disorganizzato potrebbe quindi rimanere in uno stato latente di attività mentale attraverso la costruzione di successive strutture di significato (dette "di controllo") [...] Queste strutture possono collassare di fronte ad eventi che implicano una potente attivazione del sistema di attaccamento, ma anche di fronte ad eventi che le invalidano" (Liotti, 2005a, p.141). Questo percorso permette la disorganizzazione dell'attaccamento al trauma e ai disturbi correlati al trauma, in particolare al PTSD (Liotti, 2004), poiché "tutti gli eventi di vita capaci di invalidare le strategie che controllano la disorganizzazione dell'attaccamento possono portare alla ricomparsa dei sintomi dissociativi e quindi apparire nella clinica come eventi traumatici" (Liotti, 2005a, p.130).

2.4 Disturbo Post-Traumatico da Stress (PTSD)

Secondo la ricerca, un'alta percentuale della popolazione vive esperienze traumatiche e corre il rischio di sviluppare una psicopatologia, un disturbo o alterazione psicologica e interpersonale, che può portare a limitazioni per il soggetto. L'interesse dei clinici per le conseguenze dell'esposizione ad eventi traumatici ha portato alla nascita del concetto e della categoria diagnostica di "Disturbo Post-Traumatico da Stress" (PTSD) (Giannantonio, 2009a). In generale, il PTSD può essere definito come "una normale reazione psicofisica ad un evento stressante di natura estrema: una sindrome psicobiologica che si riferisce ad una serie interrelata di sintomi, che contribuiscono a formare una reazione prolungata al trauma che colpisce tutte le dimensioni del funzionamento comportamentale e le risposte psicofisiologiche" (Ardino, 2009, p.284).

I primi studi che si sono concentrati sugli effetti che lo stress traumatico può avere sulle persone risalgono alla prima guerra mondiale e, in particolare, all'attenzione rivolta alle reazioni degli ufficiali arruolati e dei soldati, che presentavano ansia, depressione, problemi cardiaci e paure. Questa sintomatologia fu definita "shock da granata", e si ipotizzò che i sintomi dipendessero dalla forte stimolazione sensoriale legata al fragore delle esplosioni. Successivamente, si cominciò a notare che alcuni soldati sviluppavano gli stessi sintomi, ma non erano coinvolti in nessun incidente o esplosione particolare. Durante la seconda guerra mondiale, gli operatori della salute mentale furono più coinvolti nel trattamento dei soldati e si svilupparono concetti come "sindrome post-traumatica" (Kardiner, 1941) e "nevrosi di guerra" (Grinker e Spiegel, 1945). Cominciarono anche a riconoscere che gli stessi sintomi non colpivano più solo i soldati in guerra, ma anche i civili. Fu allora con la guerra del Vietnam che si cominciò a parlare di Disturbo Post-Traumatico da Stress e a identificarne la causa in un evento esterno. La categoria diagnostica del PTSD apparve, per la prima volta, nel 1980, all'interno del DSM-III (American Psychiatric Association) (Yule, Williams, Joseph, 2000).

Sulla base dell'ultima classificazione diagnostica, il DSM-IV-TR (American Pychiatric Association, 2000, Tabella 1.2.), il PTSD è definito come un disturbo legato ad un evento traumatico esterno. Il trauma è definito come un'esperienza in cui la persona vive direttamente o è testimone di un evento che può risultare in morte o minaccia di morte o gravi lesioni o pericolo per l'integrità fisica di se stessi e degli altri (criterio A1). Queste condizioni non sono sufficienti per una diagnosi di PTSD. Si deve osservare una risposta all'evento con intensa paura, impotenza e orrore (criterio A2). Il PTSD è caratterizzato da alcuni sintomi tipici che possono essere organizzati in tre categorie (criteri B, C e D):

sintomi intrusivi: sensazione di rivivere l'evento traumatico attraverso diverse modalità, tra cui ricordi intrusivi, incubi, flashback, fenomeni dissociativi, disagio psicologico e/o reattività fisiologica (uno o più di questi sintomi sono necessari);

sintomi di evitamento e confusione: tentativi di evitare pensieri, emozioni, luoghi, situazioni, persone che possono essere associati e possono ricordare l'evento traumatico, difficoltà o impossibilità di ricordare aspetti dell'esperienza traumatica, ridotto interesse, alienazione, diminuito interesse nelle possibilità future (sono necessari tre o più di questi sintomi)

- sintomi di iperattivazione emotiva: problemi con il sonno, capacità di concentrazione, facile irritabilità e scoppi d'ira, ipervigilanza (sono necessari due o più di questi sintomi).

Inoltre, i sintomi devono durare circa un mese (criterio E), mentre i sintomi acuti durano da uno a tre mesi (criterio F).

A. La persona è stata esposta a un evento traumatico in cui erano presenti entrambe le seguenti caratteristiche:

1) la persona ha vissuto, ha assistito o ha avuto a che fare con uno o più eventi che hanno comportato morte o minaccia di morte o lesioni gravi o una minaccia alla propria o altrui integrità fisica;

2) la risposta della persona ha incluso paura intensa, sentimenti di impotenza o orrore. (Nota: nei bambini questo può essere espresso in un comportamento disorganizzato o agitato.

B. L'evento traumatico viene rivissuto persistentemente in uno o più dei seguenti modi:

1) ricordi spiacevoli ricorrenti e intrusivi dell'evento, incluse immagini, pensieri o percezioni. (Nota: nei bambini piccoli, possono verificarsi giochi ripetitivi in cui vengono espressi temi o aspetti del trauma);

2) sogni spiacevoli ricorrenti dell'evento. (Nota: sogni spaventosi possono essere presenti nei bambini senza un contenuto riconoscibile);

3) agire o sentirsi come se l'evento traumatico si stesse ripetendo (questo include sensazioni di rivivere l'esperienza, illusioni, allucinazioni e flashback dissociativi, compresi quelli che si verificano al risveglio o in uno stato di intossicazione). (Nota: nei bambini piccoli possono verificarsi specifiche rappresentazioni ripetitive del trauma);

4) intensa angoscia psicologica all'esposizione a trigger interni o esterni che simboleggiano o assomigliano a qualche aspetto dell'evento traumatico;

5) reattività fisiologica o esposizione a fattori scatenanti interni o esterni che simboleggiano o ricordano qualche aspetto dell'evento traumatico.

C. Evitamento persistente degli stimoli associati al trauma e attenuazione della reattività generale (non presente prima del trauma), come indicato da tre o più dei seguenti:

1) sforzi per evitare pensieri, sentimenti o conversazioni associati al trauma;

2) sforzi per evitare attività, luoghi o persone che evocano ricordi del trauma;

3) incapacità di ricordare qualsiasi aspetto importante del trauma

4) riduzione dell'interesse o della partecipazione ad attività significative;

5) sentimenti di distacco o alienazione dagli altri;

6) Riduzione dell'affettività (per esempio, incapacità di provare sentimenti d'amore);

7) Sentimenti di diminuzione delle prospettive future (per esempio aspettarsi di non essere in grado di avere una carriera, un matrimonio o dei figli, o una durata di vita normale).

D. Sintomi persistenti di aumento dell'eccitazione (non presenti prima del trauma), come indicato da almeno due dei seguenti:

1) difficoltà ad addormentarsi o a mantenere il sonno;

2) irritabilità o scoppi d'ira;

3) difficoltà di concentrazione;

4) ipervigilanza;

5) risposte d'allarme esagerate.

La durata del disturbo (sintomi riconducibili ai criteri B, C e D) è superiore a un mese.

Il disturbo causa disagio clinicamente significativo o compromissione in ambito sociale, lavorativo o in altre aree importanti.

Specificare se:

acuto: se la durata dei sintomi è inferiore a 3 mesi; cronico: se la durata dei sintomi è di 3 mesi o più.

Specificare se: a insorgenza ritardata: se l'insorgenza dei sintomi avviene almeno 6 mesi dopo l'evento stressante.

Fonte: DSM-IV-TR (American Pychiatric Association, 2000, p.502-503).

1.4.1. Disturbo Post-Traumatico da Stress Complesso (PTSDc)

La categoria diagnostica del DSM-IV-TR (American Pychiatric Association, 2000) non è adeguata, poiché non può spiegare la complessità del trauma, soprattutto il trauma cumulativo che si verifica in periodi lontani (l'infanzia di un paziente ormai adulto). Inoltre, questa categoria mal si adatta a descrivere la vita mentale e le reazioni dei bambini che crescono in ambienti fallimentari e traumatizzanti, quindi è anche difficile capire cosa è traumatico nell'infanzia e quali sintomi specifici si attuano nell'infanzia (Farina, Liotti, 2011b).

Per superare queste limitazioni, l'autrice Judith Herman (1992), responsabile del Trauma Center della Harvard Medical School di Boston, ha coniato la nozione di Disturbo Post-Traumatico da Stress Complesso (PTSDc) per descrivere le reazioni e i disturbi che seguono un "trauma complesso". Allo stesso tempo, gli studi per verificare la validità dei sintomi del PTSD sono stati promossi dall'American Psychiatric Association, e i ricercatori di Harvard e della Columbia University di New York hanno affermato che il trauma complesso ha un quadro clinico diverso dal PTSD legato a singoli eventi traumatici (Farina, Liotti, 2011a).

Alcuni autori, tra cui Herman (1992) e van der Kolk (1994) hanno tentato di includere il PTSDc nel DSM-IV, coniando la nozione di Extreme Stress Disorder Not Otherwise Specified. Questa nozione non è stata però riconosciuta come una categoria diagnostica separata, nonostante l'evidenza empirica, perché il PTSD è incluso tra i Disturbi d'Ansia, e quindi mal si adatta a questa categoria. Sarebbe invece più appropriato includerlo tra i Disturbi Dissociativi, i Disturbi da Somatizzazione o i Disturbi di Personalità. Potrebbe anche essere identificato come una variante del Disturbo di Personalità Bordeline. I sintomi descritti, comunque, sono stati collocati tra i "sintomi associati" al PTSD nei casi di trauma infantile e interpersonale (Farina, Liotti, 2011b).

Il problema, quindi, sta nel fatto che manca o è incompleto un quadro diagnostico per l'età evolutiva e adulta, per quanto riguarda lo sviluppo traumatico in termini complessi. Grazie, però, ad alcuni psichiatri e psicologi del CTSN (Child Traumatic Stress Network) statunitense, è stato possibile elaborare un nuovo quadro clinico, sulla scia del PTSDc, chiamato Disturbo Traumatico dello Sviluppo (DTS) (Tabella 1.3.). La proposta è di includerlo nella quinta versione del DSM, cercando di estenderlo anche agli adulti.

- Cluster A: esposizione alla violenza interpersonale e grave disattenzione nella cura

- Cluster B: disregolazione emotiva e delle funzioni fisiologiche

B.1 Incapacità di modulare e tollerare stati emotivi negativi.

B.2 Disturbi nella regolazione delle funzioni corporee di base come disturbi del sonno, disturbi alimentari, iperreattività agli stimoli sensoriali.

B.3 Stati dissociativi, dissociazioni somatoformi.

B.4 Marcata alessitimia intesa come difficoltà a riconoscere, descrivere e comunicare sensazioni corporee, stati emotivi, desideri, bisogni.

- Cluster C: disturbi comportamentali e cognitivi

C.1 Incapacità di percepire ed evitare o difendersi dalle minacce o eccessivo allarme per stimoli minacciosi, sia ambientali che relazionali.

C.2 Alterazioni della capacità di proteggersi ed esposizione a situazioni rischiose.

C.3 Disturbi comportamentali derivanti da manovre di autostima (masturbazione cronica, stereotipie motorie, automutilazione, abuso di sostanze). C.4 Comportamenti auto-mutilanti reattivi o abituali.

C.5 Difficoltà a pianificare, iniziare o completare un compito, concentrarsi su un compito, organizzarsi per ottenere benefici.

- Cluster D: disturbi nella percezione di sé e nelle relazioni interpersonali
D.1 Disturbi nelle relazioni di attaccamento (difficoltà nella separazione, paura del ricongiungimento.
D.2 Sentimenti di avversione verso se stessi, senso di inausabilità, credenze di mancanza di valore, incapacità, essere sbagliato e difettoso.
D.3 Senso di sfiducia verso se stessi e gli altri con atteggiamenti ipercritici o rifiuto delle persone più vicine (caregiver).
D.4 Comportamento aggressivo (verbale e fisico) anche verso i caregiver.
D.5 Comportamento inappropriato di vicinanza e fiducia verso gli estranei anche con comportamenti sessuali inappropriati.
D.6 Difficoltà o incapacità di regolare il contatto empatico (eccessivo coinvolgimento o distacco in situazioni sociali).

- Cluster E: sintomatologia PTSD
- Cluster F: difficoltà nel funzionamento generale familiare, sociale, scolastico, comportamentale

Per quanto riguarda il PTSDc, è possibile identificare una serie di sintomi, utili per studiare lo sviluppo traumatico in termini complessi. La proposta di Van der Kolk comprende sette sintomi (Tabella 1.4.):

1. Alterazioni nella regolazione delle emozioni e degli impulsi: difficoltà a modulare le emozioni primarie, con la possibilità di creare un circolo vizioso che può portare a dissociazione, impulsività, autolesionismo, abuso di alcol e droga.

2. Sintomi dissociativi e difficoltà di attenzione: problemi di memoria, attenzione, capacità di mentalizzare, depersonalizzazione e derealizzazione.

3. Somatizzazione: sintomi pseudoneurologici, disturbi gastrointestinali e sindromi da dolore cronico.

Alterazioni nella percezione e rappresentazione di sé: impotenza, sentimenti di colpa e vergogna, scarso senso di autoefficacia, inutilità e disperazione.

Alterazioni nella percezione delle figure maltrattanti: i soggetti, di fronte alle figure maltrattanti, per non perdere la vicinanza e la protezione con esse, alterano la percezione di queste figure idealizzandole e proteggendole.

Disturbi relazionali: paura dell'intimità, delle relazioni affettive, della fiducia negli altri e della loro vicinanza, uso della violenza, dipendenza o evitamento dell'affettività emotiva.

Alterazione dei significati personali: credenze patogene e immagine negativa di sé.

Alterazioni della regolazione delle emozioni e del comportamento: a) alterazione della regolazione delle emozioni; b) difficoltà a modulare la rabbia; c) comportamenti autolesionistici; d) comportamenti o preoccupazioni suicide; e) difficoltà a modulare il coinvolgimento sessuale; f) eccessiva tendenza al comportamento a rischio (bassa capacità autoprotettiva).

Disturbi della coscienza e dell'attenzione: a) amnesia; b) episodi dissociativi transitori; depersonalizzazione.

Somatizzazione: a) disturbi dell'apparato digerente; b) dolore cronico; c) sintomi cardiopolmonari; d) sintomi di conversione; sintomi di disfunzione sessuale.

Alterazioni nella percezione di sé: a) senso di impotenza e mancanza di efficacia personale; b) sensazione di essere danneggiati; c) eccessiva colpa e responsabilità; d) vergogna pervasiva; e) idea di non essere compresi; f) minimizzazione.

Alterazioni nella percezione degli abusanti: a) tendenza ad assumere la prospettiva dell'altro; b) idealiz-zazione dell'abusante, c) paura di danneggiare l'abusante.

Disturbi relazionali: a) incapacità o difficoltà a fidarsi degli altri; b) tendenza ad essere rivalutati; c) tendenza a vittimizzare gli altri.

Alterazioni dei significati personali: a) disperazione e senso di inausabilità; visione negativa di sé; c) perdita delle convinzioni personali.

Le esperienze traumatiche possono causare altri disturbi oltre al PTSD, che il DSM-IV-TR (American Pychiatric Association, 2000) non collega direttamente a situazioni traumatiche e stressanti. Tra gli altri disturbi possiamo trovare (Giannantonio, 2009a):

- disturbi sessuali: sono comuni in entrambi i sessi, ma non riguardano direttamente la sfera sessuale, in quanto possono avere origine da altri fattori, quali: depressione (può portare a calo del desiderio, scarsa immaginazione erotica), ansia (inibizione del desiderio, problemi nel raggiungimento del piacere, difficoltà a mantenere l'erezione nell'uomo, vaginismo o dispareunia nella donna), sfiducia (difficoltà a stabilire legami intimi), alessitimia, disturbi della personalità. Inoltre, l'abuso sessuale può portare a confusione di identità sessuale, promiscuità sessuale, perversioni, difficoltà ad accettare il proprio corpo;
- disturbi uro-ginecologici: possono essere tipici in soggetti che hanno subito un abuso sessuale infantile, e possono riguardare: vulvodinia, dolore pelvico cronico, cistite interstiziale;
- disturbi alimentari: legati soprattutto all'abuso sessuale infantile, ma anche all'inadeguata assistenza da parte dei caregiver. In particolare è possibile trovare: bulimia, disturbi dell'immagine corporea,

comportamenti di eliminazione;

• disturbi somatoformi e patologie mediche: sono associati, in particolare, ad abusi e forme di maltrattamento, ma anche a piccoli traumi legati alla non reattività dei caregiver;

• disturbi d'ansia: si può trovare una fobia sociale (alla base di abusi psicologici da parte dei caregiver, difetti fisici, cambiamenti puberali o situazioni che possono causare imbarazzo al soggetto), un disturbo d'ansia generalizzato (può essere legato all'aver subito catastrofi naturali o incidenti)

• depressione: si tratta di un disturbo molto presente che è fortemente legato al PTSD, soprattutto dopo le catastrofi naturali;

• disturbi di personalità: è possibile identificare una forte comorbidità tra i disturbi di personalità e il PTSD, questo perché sia la personalità può influenzare l'individuo, lo sviluppo e il decorso del PTSD, sia perché la personalità può essere influenzata dal PTSD;

• disturbi dissociativi: il fenomeno dissociativo può essere il sintomo di diversi disturbi, come il PTSD, il disturbo acuto da stress, il disturbo di panico, il disturbo borderline di personalità, ecc, ma nel disturbo dissociativo, la dissociazione è l'elemento centrale disfunzionale. Questi disturbi sono caratterizzati da amnesia dissociativa, fughe improvvise e inaspettate, disturbo dissociativo dell'identità (personalità multipla), disturbo di depersonalizzazione (sensazione di distacco dal proprio corpo e dai processi mentali);

• traumatizzazione vicaria: è una traumatizzazione secondaria che può essere tipica soprattutto del personale volontario e professionale che presta assistenza in situazioni di emergenza e che tende a mettere in atto uno stile emotivo repressivo;

• abuso di sostanze: può essere un disturbo legato a problemi nel legame di attaccamento, con l'essere stato vittima di aggressioni fisiche o sessuali. Può anche essere tipico nei veterani di guerra.

3 L'Eye Movement Desensitization and Reprocessing (EMDR)

3.1 Introduzione

L'Eye Movement Desensitization and Reprocessing (EMDR), cioè la desensibilizzazione e rielaborazione attraverso i movimenti oculari, è una recente tecnica psicoterapeutica, inizialmente creata per il trattamento del PTSD, ma ora utilizzata per affrontare vari disturbi clinici derivanti da esperienze traumatiche (Fernandez, Maxfield, Shapiro, 2009).
L'EMDR, come parte di un piano terapeutico completo, utilizza una procedura in otto fasi per lavorare sulle esperienze traumatiche e sulle memorie alla base dei problemi e dei disturbi attuali. La caratteristica dell'EMDR è che, per aiutare il paziente ad accedere e metabolizzare il ricordo, gli si chiede di concentrarsi sulla parte più disturbante del ricordo e su tutti i suoi aspetti (immagini, cognizioni negative, emozioni negative, sensazioni corporee), mentre si induce una stimolazione bilaterale degli occhi (più o meno una rotazione completa al secondo, in un arco di tempo di circa 20-60 secondi). Man mano che il lavoro procede, il paziente crea più materiale adattivo che si integra con i ricordi traumatici. Come conseguenza, l'aspetto disturbante della memoria traumatica viene risolto, ottenendo così una ristrutturazione delle cognizioni

associate e una visione più positiva e adattiva (Wilson, Becker, Tinker, 1995).

L'EMDR è stato scoperto nel 1987 da Francine Shapiro. Un giorno, infatti, mentre passeggiava in un bosco, cominciò a notare che alcuni dei suoi pensieri disturbanti improvvisamente scomparivano e che, provando di nuovo a richiamarli alla mente, non avevano più la caratteristica di fastidio e disturbo. Inoltre, scoprì che quando i pensieri disturbanti apparivano nella sua mente, i suoi occhi si muovevano spontaneamente e rapidamente, avanti e indietro, seguendo una diagonale verso l'alto. Poteva ancora notare che portando alla mente pensieri fastidiosi e muovendo intenzionalmente gli occhi, questi tendevano a perdere la loro caratteristica di disturbo (Shapiro, 1995). Affascinata dalla sua scoperta, cominciò a dedicarsi allo studio scientifico della sua intuizione. Nello stesso anno, infatti, lavorò al suo primo studio controllato, pubblicato nel 1989 sul Journal of Traumatic Stress. Nel frattempo, nel 1988, Shapiro entra in contatto con il Mental Research Institute (MRI) di Palo Alto, California, un istituto di ricerca interessato alla terapia sistemico-relazionale, terapia breve e fortemente aperto alle innovazioni psicoterapeutiche, che accoglie i suoi studi e la sua collaborazione all'interno dell'istituto (Fernandez, Maxfield, Shapiro, 2009).

Originariamente l'EMDR fu concepito come EMD, una forma rapida di trattamento dei ricordi traumatici, utile per i soggetti con PTSD, che permetteva, attraverso i movimenti oculari, una desensibilizzazione dei ricordi traumatici. Successivamente la tecnica fu raffinata, arricchita concettualmente ed empiricamente, diventando così EMDR, con l'aggiunta della parola "Reprocessing", in quanto Shapiro si rese conto che la procedura non produceva solo desensibilizzazione, ma anche elaborazione delle informazioni (Shapiro, 1995). "Durante il trattamento, le emozioni negative venivano sostituite con quelle positive, emergevano intuizioni più profonde, le sensazioni corporee cambiavano e nuovi comportamenti apparivano spontaneamente, insieme a un nuovo senso di sé. In breve, il trauma è stato trasformato in esperienze di apprendimento che hanno rapidamente rafforzato la persona da vittima a sopravvissuto a individuo sano e robusto" (Shapiro, 2011, p.12). A questo proposito, Shapiro ha anche riformulato la base teorica, parlando del Modello di Elaborazione Adattativa delle Informazioni (Modello AIP) (Shapiro, 1995).

L'EMDR è stato oggetto di numerosi studi di ricerca ed è stato riconosciuto come un trattamento efficiente ed efficace per il PTSD nelle popolazioni civili dall'American Psychological Association, sulla base delle prove empiriche di un progetto di studio del 1995 condotto dal Dipartimento di Psicologia Clinica dell'American Psychological Association (Fernandez, Maxfield, Shapiro, 2009). Anche l'International Society for Traumatic Stress Studies (ISTSS) ha considerato l'EMDR una procedura efficace per il trattamento del PTSD, dando una classificazione A/B (Shalev, Foa, Keane, Friedman 2000), dove A è stato assegnato sulla base di 7 studi controllati che hanno dato risultati significativi, B, invece, indica che c'è bisogno di studi più ampi che concentrino la ricerca sul confronto tra i vari interventi che trattano il PTSD. Attualmente questi studi sono stati completati e l'EMDR è considerato il trattamento più efficace per il PTSD, nonché quello con più ricerche che dimostrano la sua efficacia (Fernandez, Maxfield, Shapiro, 2009). Infatti, insieme alla CBT, è considerato il trattamento elettivo per il PTSD (Clinical Resource Efficacy Team of the

Northern Ireland Departement of Health, 2003
- Quality Institute Helath Care CBO/Trimbos Institute, 2003 - French National Institute of Health and Medical Research, 2004 - American Psychiatric Association, 2004). Inoltre, l'EMDR è considerato uno dei tre metodi raccomandati per le vittime del terrorismo (Bleich, Kotler, Kutz, Shalev, 2002).
Il meccanismo alla base dell'EMDR non è ancora completamente chiaro, Shapiro (1995) suggerisce che la ristrutturazione cognitiva e la rielaborazione adattiva avvengono a livello neurofisiologico. Secondo alcune ipotesi, i movimenti oculari stimolano una risposta di orientamento che attiva stati neurofisiologici che inibiscono la paura e l'ansia associate al ricordo traumatico (Armstrong e Vaughan, 1996, Barrowcliff, MacCulloch, Gray, 2001). Secondo altre ipotesi, i movimenti oculari attiverebbero meccanismi simili a quelli del sonno REM, cioè l'elaborazione delle informazioni che avviene durante l'EMDR sarebbe simile a quella del sonno REM (Stickgold, 2002), come dimostrato anche da un recente studio (Elofsson, Scheele, Theoerell, Sondergard, 2007), secondo cui i movimenti oculari inibiscono il sistema simpatico, creando una situazione simile a quella del sonno REM. Altre ipotesi suggeriscono che gli effetti prodotti dal trattamento EMDR sono legati alla suggestione ipnotica (Gilligan, 2002). Le ipotesi più comunemente condivise sono che il consolidamento della memoria sarebbe ottenuto attraverso la cooperazione bilaterale dei due emisferi cerebrali, innescata dalla stimolazione oculare (Siegel, 2001).
"Nei suoi vent'anni di storia, si è evoluto da una semplice tecnica a un approccio di psicoterapia integrata con un modello teorico che riconosce i sistemi di elaborazione delle informazioni del cervello e i ricordi

legati a esperienze di vita traumatiche" (Shapiro, 2011, p.11).

3.2 Base teorica: il modello di elaborazione adattiva dell'informazione (modello AIP)

Il modello AIP (Adaptive Information Processing), adottato da Shapiro (1995), presuppone che in tutti gli esseri umani ci sia una funzione neuro-biologica innata che tende all'elaborazione delle informazioni. Ciò implica che, in condizioni normali, l'informazione in entrata viene elaborata e trasformata in materiale adattivo che si integra funzionalmente con le esperienze e le informazioni passate (Dworkin, 2010). "L'informazione verrebbe poi immagazzinata in un sistema di reti mnestiche. Si ritiene che una rete contenga le singole componenti, pensieri, immagini, emozioni e sensazioni che possono essere collegate al ricordo dell'esperienza. L'elaborazione o rielaborazione è definita come la creazione delle associazioni necessarie affinché l'apprendimento abbia luogo una volta che le informazioni appartenenti a un evento sono state risolte in modo adattivo" (Fernandez, Maxfield, Shapiro, 2009, p.225).
I problemi di questo processo possono sorgere quando l'esperienza non viene elaborata correttamente, e questo è il caso delle esperienze traumatiche. In questi casi, l'elaborazione delle informazioni non è adattiva e le informazioni rimangono isolate nelle proprie reti neurali, e non sono in grado di connettersi ad altre reti di memoria che contengono informazioni più adattive. La possibilità di integrazione è quindi compromessa, con la conseguenza che l'informazione rimane racchiusa nel cervello nella sua forma specifica, cioè memorizzata come è stata vissuta al momento

dell'esperienza, con le stesse componenti emotive, sensoriali, cognitive e fisiche. La patologia è vista come il risultato di esperienze non elaborate e trasformate. Atteggiamenti, emozioni e sensazioni non sono, quindi, semplici reazioni ad eventi passati, ma sono visti come una manifestazione legata alla percezione dei ricordi immagazzinati (Solomon, Shapiro, 2008).

"La teoria di Shapiro dell'elaborazione inadeguata degli eventi disturbanti fornisce una spiegazione della natura resistente duratura e apparentemente immutabile di alcune memorie traumatiche legate ai disturbi post-traumatici. Generalmente, in campo terapeutico, osserviamo che questi ricordi sono resistenti alla ristrutturazione cognitiva e hanno difficoltà ad essere assimilati nella rete degli altri ricordi dell'individuo. Infatti, notiamo che il paziente è in grado di richiamare solo i ricordi negativi [...] perché l'informazione negativa è disfunzionalmente mantenuta in una forma eccitatoria e, di conseguenza, è stimolata più facilmente delle altre" (Fernandez, Maxfield, Shapiro, 2009, p. 226). "Un fallimento nell'elaborazione mantiene i ricordi negativi caldi e suscettibili di essere riattivati in qualsiasi momento. Di conseguenza, indipendentemente dal numero di esperienze positive che si susseguono nel corso della vita di una persona, gli eventi precoci non elaborati possono porre le basi per un impoverito senso di identità e di autoefficacia" (Shapiro, 2011, p.16).

Utilizzando l'EMDR in psicoterapia, e in particolare nel trattamento del PTSD, è possibile accedere alle informazioni immagazzinate in modo disfunzionale, attivando il sistema innato che permette di elaborare le informazioni. Questa attivazione può avvenire grazie alla procedura del protocollo standard EMDR caratterizzato, in particolare, dalla stimolazione bilaterale degli occhi, con l'obiettivo di creare collegamenti tra le reti mnestiche e una memorizzazione più adattiva delle informazioni. L'EMDR, quindi, permette di creare associazioni tra informazioni non integrate e dissociate, e di accedere alle informazioni bloccate nelle reti mnestiche, generando un nuovo apprendimento. Infatti, le informazioni disturbanti vengono eliminate, quelle utili vengono opportunamente integrate e utilizzate come guida per i comportamenti e le decisioni future (Solomon, Shapiro, 2008).

"Il modello AIP distingue l'EMDR da altre forme di psicoterapia per il fatto che vede le situazioni che causano disagio nel presente, semplicemente come attivatori in grado di portare alla mente eventi del passato che non sono stati elaborati correttamente. Si pensa che l'evento attuale stimoli la rete mnestica, facendo riemergere emozioni negative, sensazioni fisiche e pensieri immagazzinati" (Shapiro, 2011, p. 16).

Anche se l'EMDR si è sviluppato all'interno della tradizione comportamentale, nel tempo si è sviluppato in una terapia molto diversa. Infatti, mentre nelle terapie cognitive e comportamentali l'obiettivo è quello di affrontare il disturbo del paziente in modo diretto, andando a modificare i pensieri e i comportamenti del paziente nel qui e ora, nel modello AIP, invece, la causa dei problemi non risiede nelle cognizioni negative, ma nei ricordi di situazioni pregresse che sono state memorizzate in modo non adattivo. Dal punto di vista della pratica clinica, quindi, a differenza della terapia comportamentale, prendendo l'esempio delle fobie, esse non vengono trattate esponendo il paziente di fronte all'oggetto o alla situazione che provoca la paura, ma trattando ed elaborando i ricordi precoci che sono legati all'evento o all'oggetto che provoca l'ansia. Poi si passa agli obiettivi presenti, chiedendo al paziente di immaginare le esperienze attuali che possono scatenare la paura. Quando il paziente non sente più la paura immaginando la situazione, lavoriamo su un obiettivo futuro, immaginando che stiamo trattando l'evento precedente, ma senza paura (Shapiro, 2011). "Di conseguenza, il trattamento EMDR procede dall'interno verso l'esterno e si occupa del mondo interno prima di utilizzare strumenti tipici della Terapia Cognitiva.

Comportamentali come il modellamento o tecniche di gioco di ruolo esperienziale per incorporare set di abilità che possono caratterizzare un adulto sano" (Shapiro, 2011, p.39).

3.3 Il protocollo standard EMDR: strumenti e fasi del trattamento

"Le procedure EMDR sono state sviluppate per accedere alle esperienze memorizzate in modo disfunzionale e per stimolare il sistema di elaborazione delle informazioni in modo che le informazioni possano essere trasformate in risoluzione adattiva spostando le informazioni in un sistema di memoria più appropriato. Quando è completamente elaborata, l'informazione utile è assimilata e le strutture di memoria dell'individuo sono riorganizzate sulla base delle nuove informazioni" (Shapiro, 2011, p.17). Su questa base, il protocollo include molti strumenti utili per richiamare ed elaborare la memoria. In particolare, le componenti fondamentali dell'EMDR sono (Greenwald, 2000):

- Il repertorio di immagini: il paziente sceglie l'immagine più disturbante o almeno la più caratteristica di quel ricordo che meglio rappresenta l'effetto negativo sul paziente.

- La cognizione negativa: non è una semplice descrizione dell'evento, ma un'interpretazione dell'opinione che il paziente ha di se stesso che emerge dal ricordo. Alcuni esempi di cognizioni negative più comuni: "Sono una persona cattiva", "È stata colpa mia". La caratteristica di queste cognizioni è che persistono anche dopo il trauma e continuano a ripresentarsi per tutta la vita del paziente.

- Cognizione positiva: Anche questa non è una descrizione, ma un'autoaffermazione adattiva più positiva, e rappresenta l'obiettivo del trattamento, cioè come il paziente vedrà se stesso. Esempi di cognizioni positive più frequenti: "Sono una brava persona", "Sono al sicuro ora", "Posso farcela".

- La Scala di Validità della Cognizione (VOC): è una scala che permette al terapeuta e al paziente di osservare i progressi fatti durante e dopo l'EMDR, in quanto dà una misura di quanto veritiera il paziente considera l'informazione positiva installata con la procedura. Consiste nel misurare la cognizione positiva su una scala da 1 a 7, dove 1 indica "cognizione completamente falsa" e 7 "cognizione completamente vera".

• L'emozione: il paziente deve esprimere la reazione emotiva rispetto all'immagine del ricordo che ha scelto. Esempi di emozioni più frequenti: paura, rabbia, tristezza.

• La Subjective Disorder Unit Scale (SUD): permette al terapeuta e al paziente di verificare i progressi ottenuti durante e dopo l'EMDR, in quanto indica l'intensità del disturbo percepito dal paziente, e consiste nel misurare quanto è intensa l'emozione negativa attuale su una scala che va da 0 a 10, dove 0 indica "assenza assoluta di disturbo" e 10 "disturbo più intenso possibile".

• La sensazione fisica: è considerata parte integrante della memoria, poiché le caratteristiche delle tracce mnestiche si conservano anche nel corpo. Gli stati affettivi non correttamente integrati sopravvivono negli stati somatici (van der Kolk, 1994). Si chiede al paziente di esprimere in quale parte del corpo sente la sensazione fisica che accompagna quel ricordo. Tra le sensazioni più frequenti troviamo: nausea, stanchezza e tensione localizzata.

• Movimenti oculari: il terapeuta induce rapidi movimenti oculari bilaterali muovendo le dita al ritmo di circa un movimento avanti e indietro al secondo, ad una distanza di circa 30-60 cm dal viso del paziente. Se, per vari motivi, i movimenti oculari non sono adeguati, si possono usare altre stimolazioni. I movimenti oculari permettono l'accesso alla memoria-obiettivo, la sua elaborazione e integrazione.

Secondo l'approccio originale di Francine Shapiro (1995), il protocollo EMDR di base consiste in otto fasi, ogni fase è dedicata ad un diverso aspetto del trattamento, anche se va ricordato che ogni fase può avere effetti su più fasi contemporaneamente.

Dworkin (2010) concettualizza la procedura EMDR in tre fasi, all'interno delle quali sono distribuite le otto fasi:

Fase 1: Comprensione del caso di trauma (raccolta di anamnesi e piano di trattamento).

Fase 2: Valutazione della capacità di tolleranza emotiva del paziente e della consapevolezza delle sensazioni fisiche (preparazione del paziente).

Fase 3: sequenza di attivazione del trauma (valutazione).

Fase 4: Elaborazione attiva del trauma (desensibilizzazione).

Fase 5: Connessione a una prospettiva adattiva (installazione).

Fase 6: Consapevolezza intensiva delle sensazioni del corpo (body scan).

Fase 7: Debriefing (chiusura).

Fase 8: Rivalutazione.

Le varie fasi del trattamento EMDR saranno spiegate di seguito, seguendo le descrizioni di Dworkin (2010):

Fase 1: raccolta anamnestica e piano di trattamento

La fase iniziale è un momento importante per l'accoglienza del paziente e per la costruzione di un adeguato clima di alleanza e fiducia, perché l'EMDR non è qualcosa che il terapeuta fa al paziente, ma è qualcosa che fa con il paziente e quindi richiede collaborazione e partecipazione attiva. Inoltre, prima di iniziare un lavoro attivo sul trauma, è fondamentale che il paziente sia valutato e considerato idoneo al trattamento.

In questa fase, infatti, si cerca di ottenere un quadro clinico completo del paziente, utile per la realizzazione di un piano terapeutico adeguato e per la formulazione degli obiettivi. In particolare, si inizia con una raccolta anamnestica relativa alla storia di traumi, in quanto si ritiene che molti problemi manifestati dai pazienti, anche se apparentemente non hanno il trauma come causa centrale, possano comunque essere legati ad esperienze traumatiche o stressanti. Queste informazioni aiutano a creare il contesto di fiducia necessario per il trattamento.

Anche la costruzione della relazione è cruciale e richiede tutto il tempo necessario. La relazione paziente-terapeuta inizia dal primo contatto, ed è l'inizio di una relazione di attaccamento, influenzata dalla prima relazione di attaccamento del paziente con il caregiver. Il clinico diventa, quindi, una figura di attaccamento molto importante per il paziente e deve essere in grado di sviluppare una prima comprensione di chi è il paziente e contro cosa sta combattendo.

Oltre a questi aspetti, però, è necessario pensare già in termini di EMDR, lavorando sui ricordi e sulle cognizioni. In particolare è utile chiedere le cognizioni negative che il paziente ha di se stesso e anche cosa vorrebbe credere di se stesso una volta finito il trattamento. Queste informazioni possono poi essere utilizzate nella fase 2.

Inoltre, il clinico deve chiedere al paziente quali sono i suoi punti di forza, le sue risorse e i suoi successi; molti pazienti hanno risorse interne che credono di non avere,

quindi è importante indagare ed espanderle.

Fase 2: preparazione del paziente

Questa fase si apre con una presentazione dell'EMDR, non in modo tecnico, ma cercando di spiegare in modo semplice come funziona e perché può essere efficace per il paziente. Questa spiegazione è fondamentale, poiché il modo in cui viene ricevuta è indicativo e predittivo per l'efficacia di tutta la terapia.

È anche importante testare la stimolazione bilaterale sul paziente. Prima si presentano le modalità più comunemente usate e poi si testa il paziente con un'immagine neutra. Poi è utile orientare il lavoro sul trauma, preparando il paziente e dandogli alcune indicazioni su come gestire il trattamento, ribadendo quanto detto nella fase precedente, cioè che il paziente avrà una partecipazione attiva. Nel lavoro di preparazione è necessario

- informare il paziente della possibilità di utilizzare fattori protettivi, come il "segnale di stop",
- descrivere e spiegare le tecniche utili per gestire lo stress
- spiegare l'importanza di prendere nota di ciò che accade tra una seduta e l'altra,
- trasmettere l'idea che le risposte irrazionali che possono potenzialmente
- presentarsi durante l'elaborazione, fanno parte della normalità e fanno
- fare riferimento all'apertura di reti disordinate, descrivere le varie fasi del lavoro attivo sul trauma e fornire istruzioni precise rispetto a ciò che accadrà durante le fasi attive.

Dopo la preparazione del paziente, è importante sviluppare un senso di sicurezza. Il primo passo è la creazione del "luogo sicuro", un esercizio che permette ai clinici di capire se il paziente ha la capacità di sviluppare il proprio senso di sicurezza, e al paziente di installare un luogo di sicurezza e benessere, utile per affrontare e lavorare su materiale difficile. Questo viene fatto come segue:

- Fase 1: Il clinico chiede al paziente se ha un posto dove si sente sicuro e protetto. Se il paziente è in difficoltà, il terapeuta può aiutarlo usando la strategia di sviluppo e l'installazione di risorse.
- Fase 2 e 3: chiede al paziente di focalizzare l'immagine del proprio luogo sicuro concentrandosi anche sulla descrizione dei sentimenti e delle emozioni che l'immagine evoca, e comunicando dove

sente questi sentimenti nel suo corpo. Questo passo permette al paziente di avere un contatto con la propria esperienza interna legata al ricordo traumatico.

• Fase 4: Dopo che il paziente è riuscito a trovare il proprio luogo sicuro, può sperimentare per la prima volta la stimolazione bilaterale. In questa fase, il clinico chiede al paziente di evocare l'immagine del luogo sicuro e di concentrarsi sui sentimenti e le sensazioni positive che suscita, facendo attenzione anche alle sensazioni fisiche. La stimolazione bilaterale sarà breve. Il terapeuta chiede poi nuovamente al paziente di riferire se la sensazione positiva è stata rafforzata e amplificata.

• Fase 5: il terapeuta chiede al paziente una parola chiave significativa che abbia caratteristiche che possono essere collegate al luogo sicuro scelto. Poi procede di nuovo con la stimolazione bilaterale.

• Fase 6: il paziente attiva il luogo sicuro in modo indipendente, attraverso la parola chiave. Questa tecnica può essere utile in qualsiasi momento durante il trattamento e nella sua vita quando si sentirà a disagio.

• Fase 7: il paziente evoca un evento disturbante, e il terapeuta richiama la parola chiave scelta, chiedendo al paziente di accedere al luogo sicuro.

• Fase 8: il paziente usa autonomamente la parola chiave per entrare nel luogo sicuro.

Il terapeuta deve anche aiutare il paziente a trovare e sviluppare strategie di coping. Si può usare la tecnica del RDI (Resource Development and Installation) che richiede di evocare un'esperienza positiva, una relazione soddisfacente o comunque elementi che rappresentino forza e tranquillità, oppure si può chiedere al paziente di pensare a risorse da potenziare che potenzialmente ha o può sviluppare, da utilizzare per affrontare situazioni difficili. Le categorie di risorse che possono essere sviluppate sono:

risorse padronali: un ricordo del paziente in cui è riuscito a superare una situazione problematica, o una particolare condizione fisica o abilità; risorse relazionali: l'immagine reale o fantastica di una persona o di un animale che suscitano nel paziente protezione e che hanno un ruolo positivo;

• risorse simboliche: il ricordo di oggetti, simboli, esperienze spirituali, immagini, figure dei propri sogni, metafore, frasi, brani musicali associati a sentimenti di sicurezza, forza e serenità.

• Una volta sviluppata la risorsa, questa viene installata attraverso la stimolazione bilaterale. Prima di iniziare il lavoro di desensibilizzazione con il paziente, il clinico dovrebbe assicurarsi che il paziente sia in grado di utilizzare con successo alcune delle risorse sviluppate anche in situazioni quotidiane. Infatti, quando le risorse scelte sono sufficientemente interiorizzate dal paziente, aiutano a rafforzare il suo sé e ad affrontare le situazioni problematiche.

• L'ultimo passo di questa fase è valutare se il paziente è pronto a lavorare attivamente sul trauma. I fattori da considerare sono:
• capacità di coping e adattabilità,
• la tolleranza emotiva (e di attivazione),
• la capacità di autoregolazione (sia personale che nell'interazione),
• i modelli affettivi e le risorse positive e accessibili,
• un "sé" adeguato e osservante.

Risorse padronali: un ricordo del paziente in cui è riuscito a superare una situazione problematica, o una particolare condizione fisica o abilità; risorse relazionali: l'immagine reale o fantastica di una persona o di un animale che suscitano nel paziente protezione e che hanno un ruolo positivo;

• risorse simboliche: il ricordo di oggetti, simboli, esperienze spirituali, immagini, figure dei propri sogni, metafore, frasi, brani musicali associati a sentimenti di sicurezza, forza e serenità.

• Una volta sviluppata la risorsa, questa viene installata attraverso la stimolazione bilaterale. Prima di iniziare il lavoro di desensibilizzazione con il paziente, il clinico dovrebbe assicurarsi che il paziente sia in grado di utilizzare con successo alcune delle risorse sviluppate anche in situazioni quotidiane. Infatti, quando le risorse scelte sono sufficientemente interiorizzate dal paziente, aiutano a rafforzare il suo sé e ad affrontare le situazioni problematiche.

• L'ultimo passo di questa fase è valutare se il paziente è pronto a lavorare attivamente sul trauma. I fattori da considerare sono:

• capacità di coping e adattabilità,
• la tolleranza emotiva (e di attivazione),
• la capacità di autoregolazione (sia personale che nell'interazione),
• i modelli affettivi e le risorse positive e accessibili,
un "sé" adeguato e osservante.

Fase 3: valutazione

Dopo che il terapeuta, con la fase precedente, ha accertato che il paziente è pronto per l'elaborazione del trauma, è possibile iniziare quella che Dworkin (2010) chiama "sequenza di attivazione del trauma". In questa fase è possibile rielaborare il trauma e rivivere il passato traumatico, in una relazione attuale sicura e protetta. Il clinico, infatti, assume il ruolo di co-partecipante. L'obiettivo di questa fase è quello di accedere ai ricordi traumatici, lavorando in modo dettagliato e completo sulla "memoria-target", cioè valutando tutti gli elementi associati: l'immagine selezionata, la cognizione negativa, la cognizione positiva con il punteggio VOC, l'emozione con il punteggio SOUTH e la sensazione fisica. Attivando completamente le reti di memoria associate al ricordo-obiettivo, è possibile affrontare l'intera esperienza traumatica, comprese tutte le emozioni correlate e le sensazioni corporee associate. Per trovare il legame tra il passato e le difficoltà attuali, è importante sviluppare la capacità del cervello di elaborare le informazioni "in modo che possa relazionarsi con il vecchio trauma e riorganizzare l'esperienza in un modo più adattivo" (Dworkin, 2010, p. 97).

- Il primo passo è quello di selezionare gli obiettivi. Si inizia con una lista dei dieci ricordi peggiori legati alle difficoltà attuali, descritti dal paziente durante il Passo 1:
- - Il ricordo più vecchio, il ricordo più doloroso, legato a emozioni dolorose e cognizioni negative, che è fortemente associato al problema del paziente.
- - Il peggiore di questi ricordi.

Il paziente, insieme al clinico, deciderà poi quale memoria utilizzare come obiettivo. La scelta migliore sembra essere quella di iniziare con uno dei ricordi più vecchi che fa male ora. Affinché la sequenza di attivazione abbia inizio, è essenziale che l'immagine sia chiara e ben "a fuoco". Infatti, più chiara è l'immagine traumatica per il terapeuta, più facile sarà mettere a fuoco il bersaglio e più probabile che i risultati siano duraturi e di successo.

Oltre ai ricordi-bersaglio trovati, anche i sogni possono essere preziose immagini-bersaglio. Infatti, i sogni possono rappresentare una continuazione del lavoro sul trauma in modo involontario, e possono spesso apparire nell'intervallo tra le sedute. A questo proposito è bene chiedere al paziente di tenere un diario dei sogni, soprattutto nei giorni successivi alla stimolazione bilaterale.

Una volta individuata l'immagine-bersaglio, è necessario affrontare la cognizione negativa, cioè il giudizio negativo che la persona ha su se stessa, in relazione al ricordo-bersaglio selezionato. Il paziente, all'interno di una relazione terapeutica sicura e protetta, è in grado di esprimere aspetti di sé, relativi al ricordo target, che sono rimasti nascosti per molto tempo. È importante che il giudizio negativo si riferisca al presente, quindi il termine "ora" dovrebbe essere incluso nella domanda al paziente. Questa parola è usata perché il ricordo traumatico è radicato nel presente, ma non è riconosciuto come tale.

Non è sempre facile per un paziente esprimere la cognizione negativa, anche se ha capito il concetto e sa come usarlo. Infatti, anche se il paziente nella Fase 2 ha capito il legame tra l'immagine dell'evento traumatico e un pensiero negativo, può bloccarsi nella Fase 3, quando sente la parola "ora" inserita nella domanda. A questo proposito, il terapeuta

deve chiarire alcuni punti al paziente:
* far capire al paziente che deve identificare un pensiero, non un sentimento;
* che il pensiero selezionato, anche se è legato al passato, è ancora espresso nel presente in vecchi circuiti cerebrali; - il riferimento alla parola "ora" è legato a questi circuiti che devono essere
* riattivati e sui quali bisogna lavorare; - il clinico deve ricordare che il paziente è invaso da un arousal negativo, per cui la sua spiegazione può essere difficile da decodificare e seguire.

Dopo aver identificato la cognizione negativa, si può lavorare sulla cognizione positiva e sulla VOC. La cognizione positiva è un elemento importante che dà fiducia e forza al paziente nell'affrontare la sua "patologia". Permette anche al paziente di beneficiare di una fiducia in se stesso alternativa a quella negativa. La VOC, invece, permette di capire quanto la cognizione positiva del paziente sia vicina o lontana dalla realtà del paziente.

Poi il terapeuta chiede al paziente di mettere insieme l'immagine scelta e la cognizione negativa, dare un nome alle emozioni che prova e valutare la scala SUD. Il momento finale della Fase 3 riguarda la scansione del corpo, che consiste nel chiedere al paziente di ascoltare le sue sensazioni corporee e di riferire in quali parti del corpo sente le emozioni precedentemente menzionate.

Il successo di questa fase, ci permette di passare alla Fase 4 e al lavoro di desensibilizzazione. Prima di lasciare la Fase 3, è importante rafforzare ancora una volta la fiducia del paziente nel terapeuta e ribadire che il terapeuta è una guida e che il paziente non è solo di fronte al suo problema, ma può condividerlo e lavorare con esso in modo protetto.

Fase 4: desensibilizzazione

La fase 4 è dedicata all'elaborazione del trauma e alla desensibilizzazione di uno o più ricordi legati alle esperienze traumatiche del paziente. Stimolazioni bilaterali, come i movimenti oculari, sono utilizzati in questa fase, mentre il paziente si concentra sui molti aspetti del ricordo derivati dalle fasi precedenti. Dopo questa prima serie di movimenti oculari, il terapeuta chiede al paziente cosa è emerso, e continua a lavorare con i movimenti oculari su ciò che il paziente ha notato. Questo continua fino a quando tutti gli aspetti del ricordo sono superati e neutralizzati. La dimostrazione è data dai punteggi sulla scala SOUTH e VOC.

I pazienti con bassa tolleranza emotiva possono avere difficoltà durante l'elaborazione del trauma, e vivere questa fase in modo doloroso e faticoso. Pertanto, è consigliabile non continuare con l'elaborazione del trauma quando il paziente desidera una pausa. A questo proposito, il paziente ha la possibilità, quando lo desidera, di interrompere l'elaborazione, sia durante che tra le sedute, per mezzo dei segnali di "stop" che ha imparato durante la Fase 2.

In questa fase il clinico deve fornire un ambiente sicuro e protettivo, ma garantire che il paziente sia il protagonista attivo del lavoro sul trauma. Il terapeuta può intervenire quando si crea un blocco o un carico emotivo eccessivo nel paziente, andando ad attivare il luogo sicuro o le tecniche per rafforzare le risorse. Ha anche il ruolo di incoraggiare il paziente e di occuparsi del mantenimento dell'ambiente di sicurezza. In particolare, per facilitare l'elaborazione del trauma, può essere utile il coaching attivo: il terapeuta deve offrire un supporto verbale per sostenere e facilitare l'elaborazione del trauma. Alcuni commenti di esempio: "Bene! Sta andando bene!".

Lavorare sui vincoli esterni: Durante l'elaborazione del trauma, il paziente può essere distratto da elementi o circostanze esterne che possono interferire con il lavoro di elaborazione (per esempio, la scoperta della malattia di un membro della famiglia), quindi è utile gestirli con il paziente, piuttosto che continuare a lavorare attivamente sul trauma.

- Lavorare in modo esperienziale e co-partecipativo: il clinico deve essere preparato ad andare dove l'elaborazione del paziente lo porta. È necessario, per il terapeuta, rimanere nella relazione reale in modo autentico (alleanza di lavoro) ed essere in grado di contenere i traumi del paziente, tenendo a bada i propri traumi.

Reazioni controtransferali, trauma vicario e compassion fatigue. Nella parte conclusiva della Fase 4, il clinico deve assicurarsi che il paziente abbia effettivamente liberato tutto il suo dolore e che la scala SOUTH abbia raggiunto un punteggio di 0. Anche se il paziente è nella condizione di liberarsi del dolore legato al trauma, "non ha ancora integrato una prospettiva più adattiva con cui guardare a ciò che è successo" (Doworkin, 2010, p. 215).

Fase 5: Installazione

In questa fase, si chiede al paziente una cognizione positiva che può essere quella selezionata nella fase 3 o un'altra più appropriata emersa nella fase 4. Questa cognizione deve essere installata mentre il paziente fa movimenti oculari. Prima si installa da sola e poi si integra con la memoria-obiettivo. L'obiettivo è che il paziente la senta come propria e autentica, con un punteggio della scala VOC di 6 o 7. Quando il punteggio della scala VOC non mostra punteggi elevati, può essere un segno che alcuni aspetti del ricordo non sono stati adeguatamente desensibilizzati.

Prima di concludere la Fase 5, ci congratuliamo con il paziente per il suo lavoro e per aver superato tutti quegli ostacoli interni che gli impedivano di vivere in modo armonioso e adattivo. Questa fase, tuttavia, non corrisponde alla fine del trattamento, infatti, anche se è stato raggiunto un buon risultato, non si può ancora essere sicuri che i risultati ottenuti siano permanenti. Bisogna assicurarsi che gli effetti del trattamento siano mantenuti e che abbiano condotto il paziente verso una prospettiva più sana e adattativa.

Fase 6: scansione del corpo

Accanto al lavoro di targeting della memoria e di cognizione positiva, si chiede al paziente di controllare le sue sensazioni corporee e le eventuali tensioni o disagi nel corpo. La scansione del corpo è un'ulteriore possibilità per valutare se c'è ancora qualche aspetto del trauma non elaborato. Il corpo, infatti, è un deposito di traumi passati, e la guarigione per essere completa, richiede che il corpo possa liberarsi anche dei ricordi dolorosi.

Quando il paziente avverte sensazioni dolorose nel corpo, vengono eseguiti dei movimenti oculari.
Nel trattamento EMDR, la consapevolezza delle sensazioni corporee è un aspetto fondamentale in tutte le otto fasi. Nello specifico, però, lo scopo di questa fase è quello di andare all'origine delle sensazioni corporee

per far emergere i traumi a livelli ancora più profondi, in modo da poterli rielaborare completamente.

La fase di scansione corporea può dirsi conclusa quando il paziente è in grado di effettuare un'esplorazione completa del suo corpo senza trovare alcuna tensione fisica. Se vengono riferite sensazioni positive o confortevoli, è utile rafforzarle con alcuni set di stimolazione bilaterale.

Fase 7: chiusura

Prima di concludere la sessione, è importante aiutare il paziente a sviluppare la percezione dell'autocontrollo. È anche utile lasciarlo in uno stato positivo, dandogli l'idea di aver raggiunto un obiettivo, e prepararlo ad affrontare i possibili effetti del trattamento nell'intervallo tra una seduta e la successiva, come ricordi, sensazioni, immagini, pensieri disturbanti. A questo proposito, ai pazienti viene dato il compito di tenere un diario su cui registrare gli effetti indesiderati tra una seduta e l'altra, specificando che i disturbi che possono emergere al di fuori della seduta fanno parte della continuazione del processo di guarigione. Inoltre, può essere utile lavorare su alcune domande strutturate che aiutino il paziente a dare corpo a ciò che ha ottenuto, e lo aiutino ad essere autonomo. Tra le domande più frequenti troviamo (Dworkin, 2010, p. 227):

- Qual è stata per te la parte più importante della seduta?

- Qual è stata la parte che ti ha messo più alla prova?

- Cosa hai imparato dalla sessione di oggi?

- Quali strategie metterai in atto per stare al passo con le nuove cose imparate?

Queste istruzioni chiudono la sessione EMDR, mentre il trattamento non è completato senza il passo 8, cioè la rivalutazione.

Fase 8: la rivalutazione

Questa fase ha luogo all'inizio di ogni sessione, dopo una sessione precedente in cui è stato effettuato l'EMDR, e consiste in una rivalutazione del trattamento precedente e dei suoi effetti. Fornisce inoltre al clinico informazioni importanti per determinare il prossimo corso d'azione. Nella rivalutazione è utile:

Chiedere al paziente cosa ha provato nell'intervallo tra le sedute, per capire cosa è stato elaborato e per capire quali eventi esterni sono accaduti o possono accadere.

Valutare se i miglioramenti ottenuti nel corso della terapia sono stati mantenuti durante la settimana.

Prestare attenzione alle critiche del paziente, specialmente se si sente bloccato e pensa che l'elaborazione non stia funzionando.

Esaminare il diario per stabilire eventuali obiettivi da affrontare.

Rivalutare la cognizione positiva attraverso la scala VOC.

Una volta che le questioni di cui sopra sono state risolte, la fase di rivalutazione comporta una graduale diminuzione delle sedute.

3.4 L'uso dell'EMDR con bambini
e adolescenti

Il protocollo standard dell'EMDR viene modificato quando viene applicato a bambini e adolescenti, poiché il lavoro con soggetti in età evolutiva richiede più attenzione. In particolare, è necessario collaborare con i genitori durante tutto il trattamento terapeutico, e sviluppare e mantenere la motivazione, poiché non è il bambino che ha chiesto di andare in terapia. Inoltre, i tempi di attenzione dei bambini sono più brevi e c'è ancora una difficoltà di verbalizzazione, quindi è importante essere più concreti e privilegiare il lavoro sulle immagini, piuttosto che sulle cognizioni e le emozioni. È anche necessario utilizzare tecniche alternative per indurre i movimenti oculari, inserire elementi di gioco, essere flessibili, pieni di risorse e attenti ai bisogni del bambino (Greenwald, 2000).

L'aspetto fondamentale quando si lavora con i pazienti, e ancora di più con i bambini, è quello di garantire un costante senso di sicurezza. Seguendo quanto dice Greenwald (2000), è bene tenere a mente una serie di interventi utili per promuovere la sicurezza:

L'alleanza con i genitori: affinché i genitori si mostrino favorevoli al trattamento, il terapeuta deve mostrare rispetto e comprensione per i loro valori, ansie e preoccupazioni, evitando di suscitare in loro sentimenti di colpa. Può anche essere utile assegnare loro ruoli attivi all'interno del trattamento.

La vicinanza fisica dei genitori: i bambini hanno bisogno di sapere che i genitori che li accompagnano sono a portata di mano. Può quindi essere utile tenere il genitore nella stanza e nelle vicinanze, o fare in modo che il bambino possa stare in braccio al genitore, soprattutto se è molto piccolo.

La spiegazione della procedura: Affinché il bambino capisca l'EMDR, è importante mostrare che si tratta di una tecnica sicura. A questo proposito può essere utile che un genitore o un membro della famiglia spieghi la procedura, o che il bambino e il terapeuta si scambino i ruoli e che il bambino cerchi di indurre i movimenti oculari nel terapeuta.

Il rapport: per sviluppare la collaborazione dei bambini è utile conquistarli comunicando calore, mostrando sensibilità e preoccupazione, giocando con loro.

La relazione terapeutica: è qualcosa che va oltre il semplice rapporto e si costruisce con il tempo, grazie all'instaurazione della fiducia e ai risultati positivi.

Rispettare i tempi del bambino: ci sono alcuni bambini che non tollerano subito l'EMDR, ma hanno bisogno di essere introdotti gradualmente, quindi può essere utile, ad esempio, provare l'EMDR su un obiettivo con un basso punteggio SUD o utilizzarlo prima su un impianto positivo e poi su uno traumatico.

Impianti positivi: questi impianti permettono al bambino di accedere al trauma in condizioni più sicure e positive. Tra i più famosi abbiamo: "Il dispositivo di sicurezza" che può essere utile introdurre prima di affrontare un alto punteggio SUD, e consiste nell'aiutare il bambino a trovare quelle risorse interiori che gli permettono di affrontare il materiale doloroso. I dispositivi di sicurezza più comuni sono: armi, un aiutante, un genitore, un angelo custode, un supereroe o qualità, come essere più grande e più forte, "Il luogo sicuro" che consiste nel chiedere al bambino di concentrarsi su un luogo sicuro e desiderabile, di visualizzarlo, descriverlo o disegnarlo. Questa immagine sarà poi installata, ed è importante che il terapeuta guidi la scelta per evitare che l'immagine sia rovinata e che sia incontaminata da elementi che possono renderla non sicura. Le "risorse o soluzioni" sono anche utili chiedendo al paziente di visualizzare, descrivere o disegnare le risorse, la soluzione e le capacità fantastiche e realistiche per affrontare e risolvere un problema.

- I segnali di "stop": deve essere chiaro al bambino che può liberamente interrompere il trattamento quando lo desidera. Per addestrarlo, può essere utile allenarlo con segnali di "stop" manuali o verbali.

- Disagio fisico: con un bambino con dolore fisico è consigliabile interrompere il trattamento, con l'adulto, invece, si continuerebbe con l'EMDR. Il disagio fisico nei bambini può essere risolto in altri modi, per esempio installando un'immagine che elimini la sensazione dolorosa.

L'EMDR per bambini e adolescenti comprende una serie di componenti chiave. Un certo numero di elementi, presi dall'approccio di Shapiro (1995), saranno presentati di seguito, con alcune modifiche a seconda dell'età dei pazienti. In particolare, secondo Greenwald (2000), sono fondamentali:

- La produzione di immagini mentali: è una tecnica utilizzata sempre con i bambini e in modo simile a come viene utilizzata negli adulti. Consiste nel chiedere al bambino se nel ricordo selezionato c'è un aspetto particolarmente rilevante e che sembra la parte peggiore. Se il bambino ha difficoltà, il terapeuta può aiutarlo attraverso la "tecnica del menu", presentando una lista di scelte potenzialmente appropriate per guidare il paziente a trovare la risposta giusta.

- - Cognizione negativa: può essere un momento problematico con i bambini e gli adolescenti, poiché può essere difficile suscitarla. È utile continuare, comunque, a procedere aspettando che le cognizioni negative si manifestino spontaneamente durante i movimenti oculari con l'immagine. Le domande che possono essere appropriate per suscitare la risposta più appropriata possono essere: "Quando ti ricordi ora, cosa dici a te stesso?", "Cosa ti fa credere di te stesso?

- Cognizione positiva: può essere utile ottenerla attraverso attività creative come il disegno o altre espressioni simboliche.

La scala di validità della cognizione (VOC): una variante con i bambini può essere il metodo della "distanza tra le mani", in cui il terapeuta chiede quanto fa male la sensazione, e le mani molto distanti tra loro indicano la sensazione peggiore, le mani semidistanti tra loro indicano una sensazione abbastanza brutta, le mani molto vicine indicano una sensazione poco spiacevole. Oppure si possono usare scale grafiche in cui si presenta al bambino una serie di volti umani con espressioni che vanno dal triste al felice.

L'emozione: è un aspetto incluso nel processo, tranne che con i bambini molto piccoli sotto i 5 anni. Consiste nel chiedere al bambino che tipo di emozione accompagna il ricordo selezionato. Se il bambino non è in grado di dare una risposta, si possono mostrare immagini di volti che esprimono emozioni.

La scala delle unità soggettive di disturbo (SUD): con i bambini più grandi e gli adolescenti si usa il formato numerico come negli adulti, per i bambini più piccoli è utile usare metodi alternativi, come la "distanza tra le mani". Un'altra tecnica può essere quella di chiedere al bambino di tracciare la pianta del piede su un grande foglio di carta. Quando al bambino viene chiesto di segnare il SUD, deve disegnare un cerchio con un evidenziatore per indicare quanto sia spiacevole la sua sensazione. Man mano che l'EMDR progredisce, i cerchi dovranno diventare molto grandi, per diventare molto piccoli, fino a diventare un punto all'interno del piede disegnato.

La sensazione fisica: questo elemento è usato nello stesso modo per i bambini e gli adolescenti come per gli adulti, e lo scopo è quello di indagare in quale parte del corpo il soggetto sente la sensazione.

I movimenti oculari: per gli adolescenti e i bambini, i movimenti oculari possono essere indotti con l'impostazione standard usata con gli adulti, ma hanno una durata inferiore anche perché l'elaborazione con i bambini è molto veloce. Con i bambini più piccoli, invece, è utile utilizzare mezzi alternativi: "l'oggetto speciale" (si può usare una bacchetta magica, un pupazzo, una spada di plastica o qualsiasi altro oggetto, magari scelto dal bambino, che aiuti a tenerlo concentrato, per eseguire i movimenti standard), "battere le mani leggermente/forza" (il bambino batte la mano su ogni mano aperta del terapeuta. Può farlo anche usando i giocattoli nella stanza), "popping fingers" (il terapeuta chiude le mani a pugno e fa sollevare improvvisamente un dito di una mano e poi l'altro. Il bambino, osservando le dita che spuntano alternativamente, muove gli occhi avanti e indietro), "snapping fingers" (si usa una stimolazione sia uditiva che visiva per aiutare il bambino a rimanere concentrato sui movimenti), "alternating movements" (ci sono bambini, in particolare bambini ADHD o con disturbi dell'apprendimento, che hanno difficoltà a seguire il movimento standard, quindi può essere utile far seguire altri movimenti: circolare, ellittico, diagonale, un 8 orizzontale), "punti sul muro" (possono essere utilizzati quando la visione del terapeuta, durante i movimenti oculari, può distrarre il bambino, quindi si scelgono punti o oggetti sul muro alle due estremità del campo visivo del bambino, chiedendogli di guardarli alternativamente), "giochi con la palla" (durante la conversazione, magari su un ricordo traumatico, si possono indurre movimenti oculari, lanciando la palla, a turno, tra bambino e terapeuta. Poi, quando il terapeuta ritiene che sia il momento giusto per indurre i movimenti oculari, chiede al bambino di colpire alternativamente le ginocchia), "push" (è il bambino che guida il movimento spingendo la mano del terapeuta o un oggetto), "color" (il movimento è indotto perché si chiede al bambino di colorare la pagina da una parte all'altra, seguendo così la sua stessa mano e i segni che traccia), "hand touch" (il bambino appoggia le mani sulle ginocchia del terapeuta e il terapeuta gli tocca alternativamente le mani, chiedendo al bambino di muovere gli occhi), "altri stimoli alternati" (suoni alternati, colpire alternativamente i piedi o le ginocchia, il ritmo), "opzioni high tech" (una delle più note è una bacchetta con una punta luminosa e una scatola contenente un fascio di luce che si muove da una parte all'altra).

Le otto fasi dell'EMDR nel trattamento di bambini e adolescenti

Le otto fasi dell'EMDR secondo Greenwald (2000) sono descritte di seguito. L'approccio è quello di Shapiro (1995), con alcune modifiche adattate ai bambini.

Prima fase: la storia del paziente e il piano di trattamento

Questa prima fase comprende il contatto iniziale e l'anamnesi. Con i bambini è utile prendere in considerazione tutti quei contesti potenzialmente problematici, specialmente la famiglia e la scuola. È anche importante collaborare con le figure significative che si occupano del bambino, soprattutto i genitori. Oltre alla valutazione standard, sono utili altri dati:

È importante redigere un'anamnesi completa che tenga conto di tutti i fattori, anche quelli più pregressi, che possono aver influito sull'attuale vulnerabilità;

È essenziale ottenere tutti i dettagli specifici del problema, le contingenze ambientali e come il bambino lo descrive;

È utile raccogliere dati riguardanti i dettagli dell'evento traumatico, i punti di forza, le abilità e le preferenze del bambino.

Seconda fase: la preparazione

L'EMDR e i benefici del trattamento sono presentati, e il consenso informato è dato dai genitori e dal bambino. È un momento utile per conoscere le difficoltà e le potenzialità del paziente, per capire su cosa bisogna lavorare perché il trattamento abbia successo. Gli elementi importanti da considerare sono:

essere consapevoli di possibili disturbi fisiologici, psicotici, dissociativi, assunzione di droghe, violenza. Un elemento importante da affrontare riguarda il momento in cui il bambino viene seguito nelle indagini e nella giustizia. Infatti, la validità dei ricordi potrebbe essere compromessa, quindi diventa utile valutare gli effetti che l'EMDR potrebbe avere sulla memoria del bambino, sulla sua volontà e capacità di testimoniare;

avere pazienza e comprensione di fronte alla mancanza di motivazione dei bambini e alle preoccupazioni dei genitori. La motivazione si sviluppa man mano che il bambino capisce i benefici che può trarre dal trattamento, quindi è importante stabilire degli obiettivi, avere il sostegno della famiglia e creare situazioni divertenti e coinvolgenti;

usare metafore per spiegare come funziona l'EMDR e quali sono i potenziali benefici del trattamento. Le metafore più comuni sono i "movimenti oculari rapidi nei sogni" (spiegare al bambino che mentre sogna, gli occhi si muovono molto velocemente avanti e indietro, ed è per questo che sognare li fa sentire meglio quando si svegliano. Poi fargli capire che i movimenti oculari con l'EMDR sono una procedura simile), il "videoregistratore" (spiegare al bambino che quello che faranno, richiamando ricordi e scene, sarà come guardare un film sul videoregistratore), il "cassettone" (far immaginare al paziente un cassettone, per scoprire cosa c'è dentro), la "pistola laser" (per aiutare il bambino a far sparire le cose spiacevoli), il "dito slogato" (spiegare al bambino che come con una distorsione le sensazioni subite lo fanno stare molto male, e che per stare meglio bisogna aspettare di guarire);

- usare gli animali di pezza perché possono funzionare come alter ego, ed essere utili per lavorare su sintomi, sentimenti e valutazioni. Più concretamente, possono essere usati per illustrare al bambino come funziona l'EMDR, per incoraggiarlo a partecipare, e per indurre movimenti oculari tenendo l'animale in braccio al bambino;

- Presentare l'EMDR sotto forma di gioco può

essere utile per incoraggiare la collaborazione del bambino. Per esempio, si può usare l'animale di peluche, il disegno della forma del piede, l'addestramento "Stop significa stop".

Terza fase: la valutazione

Questa fase comprende la valutazione della memoria-obiettivo, in particolare: - L'individuazione dell'obiettivo: per la scelta di un obiettivo si utilizza l'immagine mentale che permette sia di recuperare i ricordi che di lavorare sugli impianti, inoltre favorisce la concentrazione e l'impegno. In particolare, con i bambini, è utile fare riferimento agli incubi, essendo un momento comune dei bambini con disturbi. La scelta dell'obiettivo può emergere dalla storia del trauma, dalla conversazione, dalla terapia o dal gioco. Una volta scelto l'obiettivo, si lavora con l'EMDR.
- Le scale SOUTH e VOC: permettono di verificare l'elaborazione, forniscono al
paziente un modo per valutare i progressi, l'autoconsapevolezza e l'autocontrollo. Con i bambini, la maggior parte dei terapeuti utilizza la scala SOUTH e non la scala VOC, ma quando il lavoro dell'EMDR si concentra sugli aspetti cognitivi, per esempio con i bambini vittime di violenza, è consigliabile non utilizzare la scala SOUTH.

Quarta fase: desensibilizzazione

Come negli adulti, i movimenti oculari sono stimolati, mentre il paziente si concentra sul ricordo-bersaglio. Gradualmente il paziente supera i vari aspetti della memoria, comprese le emozioni, l'immagine, la cognizione e i sentimenti negativi. Tuttavia, il lavoro con i bambini richiede modifiche, soprattutto con i bambini molto piccoli che spesso non riescono a far emergere materiale utile durante i movimenti oculari. È consigliabile, quindi, non riempirli di domande per ottenere una risposta, e continuare a lavorare sull'obiettivo fino a quando il punteggio SOUTH viene azzerato. In questa fase è necessario prestare attenzione ad alcuni elementi:

- alle impasse che appaiono quando il bambino perde la motivazione o non può tollerare il livello di sofferenza, per cui può rifiutarsi di collaborare, non producendo alcun movimento. Questi problemi devono essere identificati presto e risolti. Prima di tutto, assicurarsi che il bambino abbia capito la procedura, poi controllare che la procedura sia adatta al bambino, e infine aiutarlo a trovare la giusta motivazione per continuare;

tra una seduta e l'altra, che può essere gestita insegnando al bambino tecniche di respirazione. Con i bambini, oltre ad essere una tecnica di rilassamento, è anche un elemento di gioco che aiuta a mantenerli motivati;

quando si raggiunge un punteggio di SOUTH pari a zero, bisogna trovare altri obiettivi per migliorare l'effetto del trattamento. Per rintracciarli, è possibile ricorrere alla "pulizia" (porre una serie di domande riguardanti elementi della memoria problematica) e allo "sviluppo del tema" (lavorare anche con elementi legati alla memoria disturbante, che possono sembrare meno rilevanti degli obiettivi principali).

Quinta fase: l'installazione

Le immagini sono anche utilizzate per l'installazione. Queste installazioni permettono al bambino di trattare le immagini disturbanti prima di rielaborarle. Possono anche essere utilizzate quando il punteggio SOUTH non scende o quando la sessione si è fermata. Tra le installazioni più importanti abbiamo:

Il luogo sicuro: si chiede al bambino di scegliere un luogo speciale, di osservarlo e descriverlo in dettaglio e di notare quanto si sente sicuro e protetto. Si installa facendo concentrare il bambino su questa immagine mentre fa dei movimenti oculari. Può essere utile come rilassamento prima dell'EMDR, prima della desensibilizzazione, nella fase di chiusura.

Il dispositivo di sicurezza: è un'installazione utile per trattare un elemento fantastico come l'incubo. È molto utile quando il bambino è spaventato, quando l'elaborazione si è bloccata, o nei disturbi d'ansia.

L'immagine risolutiva: si installa un disegno in cui viene rappresentato un problema per il bambino e si cerca di risolverlo chiedendo al bambino di pensare a qualcosa di alternativo all'immagine disturbante.

La soluzione fantastica: suggerite al bambino di immaginare di far esplodere o scomparire l'elemento doloroso. Questo introdurrà un aspetto di gioco e divertimento, e la percezione di avere il controllo.

Successi passati e sentimenti positivi: dopo l'elaborazione di un ricordo doloroso, si può installare un'immagine legata a esperienze positive e di successo.

Successi futuri e sentimenti positivi: l'installazione di un successo in un'area che è l'obiettivo del trattamento.

Estendere la sicurezza: installare la consapevolezza della sicurezza sia sull'immagine obiettivo che su tutti i luoghi in cui il bambino ha espresso paura.

Il ruolo/modello ideale dell'Io: quando il bambino non può raccontare una storia di successo e di sentimenti positivi, si installa la storia di qualcun altro.

L'aiutante: padre, madre, angelo custode, modello di ruolo o il sé attuale del bambino.

Abilità e conoscenze: installazione di abilità o contenuti di studio per migliorare le capacità di apprendimento.

Correzione degli aspetti negativi: una cognizione negativa può essere modificata installando una correzione trovata dal paziente.

Bontà interiore (Greenwald, 1993): di fronte a quei bambini che sono convinti di essere cattivi, si può installare la sensazione di essere una buona persona.

Ristrutturazione cognitiva: sostituire le cognizioni negative installando cognizioni positive e più adattive.

Il contenitore: immaginare, visualizzare e installare un contenitore in cui le capacità e le risorse possono essere immagazzinate per un uso successivo, allenando il bambino ad accedervi.

Sesta fase: scansione del corpo

Chiedere al bambino, come per gli adulti, di ascoltare il proprio corpo e notare se ci sono sensazioni fisiche di disagio, e poi lavorare su di esse attraverso i movimenti oculari.

Settima fase: la chiusura

Bisogna aiutare il bambino ad acquisire il controllo e la padronanza prima di lasciare la sessione. Tre elementi sono importanti:

Consolidamento: è utile consolidare alcuni dei risultati raggiunti durante la sessione (per esempio, se il bambino ha acquisito fiducia e sviluppato la paura, gli si può chiedere di dimostrare il suo coraggio facendolo combattere con dei pupazzi).

Il contenitore (Dunton, 1993): installare un'immagine, come una scatola, per contenere tutto ciò che è fastidioso o non ancora risolto.

La chiusura: installazioni positive, esercizi di rilassamento, rituali (come mettere via i giochi).

Ottava fase: la rivalutazione

Dopo l'EMDR è utile fare una valutazione degli effetti e dei risultati del trattamento, e stabilire le linee d'azione per la prossima seduta. È anche utile chiedere al bambino di mostrare ciò che ha acquisito attraverso il gioco o altri comportamenti.

Applicazioni speciali

Questo paragrafo presenta alcune situazioni particolari in cui l'EMDR deve essere applicato con particolare riguardo e adattamenti a seconda dei soggetti e delle situazioni prese in considerazione. Seguendo l'approccio di Greenwald (2000), l'EMDR viene modificato con:

- Neonati e bambini nei loro primi passi: quando si trattano bambini molto piccoli, la procedura EMDR è più breve e la presenza dei genitori, che diventano parte del trattamento, è molto importante. La maggior parte dei neonati e dei bambini piccoli sono trattati per problemi scatenati da un trauma, ad esempio a causa di un incidente d'auto o di un maltrattamento. Questi problemi, che riguardano anche i genitori, possono anche essere affrontati in una singola sessione. È importante prendere in considerazione la reazione dei genitori. Infatti, di fronte al loro figlio sofferente, i genitori esprimono diversi sentimenti: tristezza, rabbia, senso di responsabilità, reazioni post-traumatiche, anche violente. Tutte queste reazioni compromettono il modo in cui il bambino viene curato, quindi può essere necessario un trattamento individuale. È anche efficace rendere i genitori attivi nel trattamento del bambino per recuperare il loro senso di efficacia. Se un genitore si sente più efficiente, anche il bambino riceverà cure migliori. È necessario occuparsi della preparazione culturale dei genitori, perché spesso i genitori, di fronte a un bambino traumatizzato, non sanno come comportarsi nei suoi confronti. Il compito del terapeuta è quello di valutare ogni singola situazione per poter dare i consigli più adatti ai genitori. Il coinvolgimento dei genitori nel trattamento è fondamentale affinché la terapia possa concludersi con risultati positivi. È utile che il genitore sia presente durante il trattamento, tenga in braccio il bambino e partecipi insieme al terapeuta all'EMDR, ad esempio pronunciando parole chiave legate al trauma o suonando il tamburo sui piedi.

- Le famiglie: È essenziale incoraggiare i genitori ad aiutare il loro bambino nel trattamento EMDR. La cooperazione e il sostegno dei genitori è utile affinché il trattamento individuale con il bambino possa avere luogo. Alcuni teorici ritengono che i genitori dovrebbero essere specificamente informati sull'EMDR, mentre altri ritengono che i genitori dovrebbero essere informati solo in generale. La scelta dipende anche dal livello culturale dei genitori e da quanto vogliono essere informati. È essenziale, tuttavia, rimanere in contatto con i genitori, in quanto sono informatori inestimabili per capire i progressi del bambino, il suo comportamento, i sintomi, come si relazionano con lui e per essere a conoscenza di ciò che accade tra una seduta e l'altra. Il ruolo dei genitori è fondamentale per il trattamento per diverse ragioni:

- Portare il bambino in terapia è un segno di fiducia, collaborazione e approvazione nei confronti del terapeuta che deve, nel corso del trattamento, sviluppare e mantenere l'alleanza terapeutica con loro;

- I genitori forniscono informazioni essenziali per la valutazione iniziale, per conoscere i progressi, per scegliere gli obiettivi e le strutture. In particolare, forniscono informazioni sulla storia del trauma del bambino, sul comportamento, sugli interessi, sulle capacità e sulle debolezze;

- il genitore può provare prima l'EMDR e mostrare al bambino che può fidarsi e sentirsi protetto;

- per molti bambini, specialmente quelli spaventati, è importante avere il genitore lì con loro nella sessione o nelle vicinanze;

- È importante che i genitori comunichino con il terapeuta tra le sessioni per informare le reazioni del bambino dopo ogni sessione;

- I genitori spesso chiedono di essere trattati, e in questo caso la

desensibilizzazione può aiutarli a rispondere in modo più adattivo, ma la maggior parte delle volte, il lavoro con i genitori consiste nel prendere coscienza delle difficoltà del loro bambino e nel comportarsi in modo più coerente nei loro confronti.

Alcune azioni correttive che i genitori devono adottare nei confronti dei loro figli possono essere utili:

- "fare appello alle regole" (Lovett, 1995): le regole e l'autorità degli adulti sono fondamentali per i bambini, in quanto aumentano la loro autostima. Le regole si installano prima nella memoria del genitore, poi in quella del bambino, e infine immagini mentali di situazioni difficili in cui vengono applicate le regole scelte in precedenza;

- "Che bravo bambino" (Greenwald, 1994): questo intervento viene effettuato quando il bambino si sente "cattivo", e l'intervento correttivo viene trasmesso dai genitori, in quanto sono la principale fonte autorevole. Questo intervento ha anche effetti positivi sui genitori che scoprono la bontà del loro bambino e imparano a distinguere tra sentimenti e reazioni positive e negative nei suoi confronti.

La storia del bambino" (Lovett, 1995): di fronte a un bambino traumatizzato, i genitori presentano spesso anche traumi secondari, come il senso di colpa e la vulnerabilità. Questa condizione potrebbe avere conseguenze sulle possibilità di recupero del bambino. Quindi si può chiedere al genitore di scrivere la storia del bambino sotto forma di favola. Il protagonista deve avere le stesse caratteristiche del bambino, il linguaggio utilizzato deve essere semplice e comprensibile al bambino e la storia deve presentare un inizio di vita positivo, poi una parte dedicata all'esperienza traumatica, con le caratteristiche del trauma del bambino e infine la risoluzione della situazione. Questa storia viene modificata e adattata dal terapeuta, se necessario, e poi utilizzata nella sessione EMDR, associata a movimenti

oculari.

- Bagnare il letto: l'enuresi è un problema molto comune tra i bambini che hanno subito un trauma ed è un obiettivo centrale nel trattamento. Vengono presentati alcuni interventi per eliminare questo sintomo:

- valutare tutti i possibili fattori che hanno scatenato l'enuresi e assicurarsi che non ci siano cause biologiche;

- Spesso l'enuresi è un sintomo post-traumatico, che scompare con l'elaborazione del trauma, quindi l'EMDR può essere utilizzato su ricordi traumatici, incubi e terrori notturni;

- Fare uso della funzione genitoriale positiva è una parte importante del trattamento in cui i genitori devono creare un ambiente protettivo e riparatore per il bambino;

- sviluppare l'abitudine alla continenza stabilendo orari regolari di pasti e bevande;

- Il trattamento deve aiutare il bambino a diventare più forte, e il terapeuta si appella al fatto che la forza è anche sinonimo di maturità, quindi si può chiedere al bambino di fare esercizio per dimostrare che è forte, per esempio attraverso l'esercizio, o si possono installare modelli di ruolo con figure con cui il bambino si identifica e non bagna il letto;

- insegnare al bambino esercizi per sviluppare i muscoli legati alla

continenza e alla minzione;

- far personificare il problema, come se fosse qualcosa di esterno,

descriverlo e disegnarlo e poi elaborarlo con l'EMDR;

- creare esperienze di successo e incoraggiarle attraverso premi e rinforzi positivi.

- Situazioni di trattamento: questa sezione include una serie di situazioni di trattamento dettagli, tra cui:

- il trattamento di pazienti esterni: con i bambini che non sono troppo gravi, l'EMDR può anche iniziare con la seconda sessione. Il primo colloquio serve per ottenere le informazioni necessarie dai genitori, creare un'alleanza con loro. In un colloquio separato si spiega il trattamento al bambino, si sviluppa la sua motivazione e si identificano i suoi obiettivi. La prima sessione si occupa della valutazione e del coinvolgimento dei genitori e del bambino. Le sedute successive, invece, inizieranno sempre con una verifica con i genitori sui progressi del bambino e una verifica con il bambino attraverso disegni e giochi, per poi passare all'EMDR e infine all'attività ludica utile a consolidare i risultati ottenuti.

- Il trattamento straordinario: questi sono di solito pazienti inviati da altri terapeuti, quindi è importante che venga fatta una valutazione iniziale con il bambino, i genitori e il terapeuta primario. Il terapeuta che effettuerà l'EMDR agirà come consulente, mentre il terapeuta primario avrà sempre la responsabilità del caso.

- Il trattamento dell'ambiente: in questo tipo di trattamento l'obiettivo è quello di intervenire su un comportamento negativo, e l'EMDR viene effettuato solo quando si è creato un contesto sicuro e più favorevole alla guarigione.

- Scuole: Il primo passo per il terapeuta è quello di entrare nella scuola ed essere accettato come membro, insieme ai genitori e agli insegnanti. È anche necessario pianificare con gli insegnanti quando e per quanto tempo il bambino può essere tolto dalle attività scolastiche per andare in terapia. In questo caso, l'EMDR può essere utile per lavorare sul trauma, sulle abilità di coping, sulle abilità di studio, sugli esercizi scolastici e sulle frustrazioni legate alla scuola.

- Bambini in ospedale: in questo contesto, l'EMDR è usato solo in un secondo momento. Il primo obiettivo è quello di aiutare i genitori ad affrontare la situazione. L'EMDR può essere usato per installare visualizzazioni relative al processo di guarigione interiore, per elaborare un cambiamento nell'immagine di sé, per preparare il bambino ad accettare un trattamento medico, per elaborare un trauma, compreso il ricovero stesso.

- Disastri, incidenti e altre situazioni critiche (Greenwald, 1993): in queste circostanze può essere utile trattare i bambini con l'EMDR e lavorare con la famiglia per ridurre i livelli di stress. Si lavora sui sintomi post-traumatici, ma i clinici devono essere preparati a lavorare su traumi e perdite precedenti.

- Popolazioni particolari, tra cui troviamo:

- "ADHD e disturbi dell'apprendimento": secondo Dunton (1993), con

questi tipi di disturbi si dovrebbe applicare un approccio graduale, con un'enfasi sulle installazioni positive dirette all'autostima, alle abilità sociali e di apprendimento e alle abilità scolastiche. Con questi bambini è spesso utile attivare i movimenti oculari con metodi alternativi come i colpi di mano, lo schiocco delle dita, il metodo dei "punti sul muro". Spesso questi bambini hanno una lunga esperienza di trauma, ma è meglio iniziare a lavorare su episodi più recenti.

- Bambini "vittime di violenza": il primo passo è fare in modo che il bambino abbia il controllo della situazione e possa sperimentare sicurezza. L'EMDR è utile per elaborare l'accaduto, partendo dai ricordi più recenti e peggiori. È utile anche per capire se i bambini soffrono di disturbi dissociativi.

- "Disturbo reattivo dell'attaccamento": Quando si usa l'EMDR sul trauma di questi pazienti, l'attenzione è principalmente sulla rabbia, il passaggio dalla cognizione di sentirsi male ad una più positiva, o può essere un aiuto per sviluppare l'attaccamento ai genitori.

- Disturbo ossessivo-compulsivo": per alcuni studiosi, le persone che soffrono di questo disturbo, a causa di particolari caratteristiche neurologiche, sarebbero incompatibili con questo tipo di trattamento, ma i risultati dimostrano il

contrario.

- Disturbo di tipo Tourette": L'EMDR può essere utile per questi pazienti.

per spostare un tic da una zona del corpo visibile e possibilmente imbarazzante a un'alternativa meno evidente. Inoltre, i tic sono generati dallo stress, quindi si può anche lavorare sulle fonti di stress e sul rilassamento.

- Disturbi somatici": per questi casi è utile insegnare le tecniche di controllo del dolore, poi lavorare sullo stress e sulla sofferenza psicologica.

- "Dolore fisico": il primo passo è lavorare sul dolore, che a volte sembra essere un contenitore di sofferenza psicologica, poi è utile trovare la fonte traumatica del dolore (incidenti, violenze, scoperta di una malattia...) ed elaborarla con l'EMDR oppure, se non c'è un ricordo legato al dolore, si può lavorare con l'EMDR direttamente sul dolore. Ci possono essere casi di pazienti con danni permanenti, quindi può essere utile aiutarli ad adattarsi al danno subito, lavorando sia sul trauma che sulla paura di affrontare il futuro, utilizzando l'EMDR.

4 Ricerca: un percorso verso i principali studi

Gli studi EMDR raccolti negli ultimi anni, hanno dimostrato l'efficacia del metodo, soprattutto per il trattamento del PTSD in situazioni traumatiche molto diverse: guerre, incidenti, ustioni, violenza sessuale attuale o passata, disastri naturali, lutti, azioni terroristiche (Fernandez, Maxfield, Shapiro, 2009).

Il primo studio controllato (Shapiro, 1989) è riuscito a dimostrare l'efficacia di questa tecnica e la riduzione dell'ansia in 22 soggetti che avevano subito traumi di diverso tipo. Risultati significativi sono stati dimostrati alla prima sessione e sono stati seguiti tre mesi dopo per il gruppo di soggetti a cui era stato somministrato l'EMDR. Il gruppo di controllo, invece, a cui era stato somministrato un trattamento modificato, non mostrò un abbassamento dei livelli di SOUTH dopo la sessione. I dati successivi della clina cominciarono ad incoraggiare l'efficacia di questa tecnica. A questo proposito, ricordiamo il caso clinico di Wolpe e Abrams (1991) di una donna di 43 anni con una diagnosi di PTSD a seguito di uno stupro 10 anni prima, che ha mostrato miglioramenti positivi a seguito del trattamento EMDR, a differenza della precedente terapia comportamentale con risultati di cambiamento inferiori. Anche i due casi clinici seguiti da Puk (1991), vittime di abusi sessuali nell'infanzia, sono importanti. Una donna in particolare continuava a soffrire di incubi e di un'incapacità di relazionarsi con gli uomini. Dopo 3 serie di movimenti oculari, la scala SOUTH scese a zero e gli incubi diminuirono significativamente. Ad un follow-up di 12 mesi, la donna aveva solo un incubo e una relazione sessuale con un uomo. Kleinknecht e Morgan (1992) hanno riportato il caso di un uomo di 40 anni con PTSD, dopo un incidente in cui era rimasto ferito. Dopo il trattamento, il paziente migliorò e non mostrò più sintomi. Inoltre, i risultati sono stati mantenuti ad un follow-up di 8 mesi.

In seguito a questi importanti risultati, molti studi controllati sono stati condotti per dimostrare l'efficacia dell'EMDR nel trattamento del PTSD, tra cui Rothbaum (1997), che ha condotto uno studio su un campione di 21 donne che erano state violentate. Queste donne furono trattate con sessioni di 90 minuti di EMDR e confrontate con un gruppo di controllo. Dopo 3 sessioni la maggior parte delle donne non soddisfaceva più i criteri per il PTSD, a differenza del gruppo di controllo che mostrava pochi miglioramenti. Inoltre, i risultati sono stati mantenuti ad un follow-up di 3 mesi. Marcus, Marquis e Sakai (1997) hanno lavorato su un campione di 67 soggetti con PTSD, trattati con tre sessioni di 90 minuti di EMDR. I risultati hanno mostrato che tutti i soggetti con un solo trauma e il 70% di quelli con più traumi non soddisfacevano più i criteri del PTSD. Wilson, Becker e Tinker (1997), su un campione di 80 adulti con esperienze traumatiche, 36 dei quali con diagnosi di PTSD, hanno dimostrato l'efficacia dell'EMDR ad un follow-up di 15 mesi, con una diminuzione del 68% dei sintomi di PTSD e una diminuzione dell'84% della diagnosi di PTSD. In uno studio di Marcus, Steven, Marquis, Priscilla, Sakai, Caroline (2004), i 67 pazienti esaminati sono stati sottoposti a trattamento EMDR per il trattamento del PTSD. Lo studio ha dimostrato che un numero relativamente limitato di sessioni di trattamento EMDR può portare benefici sostanziali nel tempo. EMDR ha avuto molto successo anche nel trattamento del PTSD con i veterani e i reduci di guerra, tanto che il Veterans Health Affaire National Clinical Practice Guideline Council e il Dipartimento della Difesa degli Stati Uniti hanno incluso l'EMDR nei programmi speciali per il PTSD nelle popolazioni militari e non, accanto alla psicoterapia cognitiva, all'esposizione e al Training di inoculazione dello stress (Fernandez, Maxfield, Shapiro, 2009). A questo proposito uno studio di Carlson, Chemtob, Rusnak, Hedlund, Muraoka (1998) ha dimostrato che dopo 12 sessioni di EMDR, il 78% dei veterani di guerra, non erano più inclusi nella diagnosi di PTSD. Anche uno studio condotto in Germania (Zimmermann, Guse, Barre, Biesold, 2005), su 80 soldati tedeschi ricoverati tra il 1998 e il 2002, con diagnosi di PTSD, ha mostrato miglioramenti significativi subito dopo il trattamento con EMDR, mantenendoli ad un follow-up di 29 mesi. Numerosi studi hanno anche dimostrato l'efficacia dell'EMDR nel trattamento del PTSD con i bambini. In uno studio di Ahmad, Larsson, Sundelin-Wahlsten (2007), l'obiettivo era quello di esaminare l'efficacia del trattamento EMDR per i bambini con disturbo post-traumatico da stress rispetto a un gruppo di bambini non trattati con EMDR. Il campione comprendeva 33 soggetti, selezionati da una lista d'attesa in una clinica psichiatrica. Si trattava di bambini con diagnosi di PTSD, di almeno 6 anni di età, che avevano subito un trauma almeno una volta o erano cresciuti in ambienti traumatizzanti (abusi sessuali, incidenti stradali, lutti...). La durata tra l'evento traumatico e la diagnosi di PTSD era inferiore a un anno. I 33 bambini che avevano soddisfatto i criteri sono stati sottoposti al trattamento EMDR e a un programma di valutazione pre-trattamento condotto immediatamente dopo la prova di randomizzazione e post-trattamento 2 mesi dopo. I bambini del gruppo di trattamento hanno ricevuto l'EMDR immediatamente dopo la prova di pre-trattamento, mentre gli altri hanno dovuto aspettare 2 mesi prima di ricevere lo stesso trattamento. Il trattamento EMDR utilizzato era basato sul protocollo standard con alcuni adattamenti per i bambini. Nonostante la dimensione limitata del campione, i bambini trattati con EMDR hanno mostrato un miglioramento significativo dei sintomi del PTSD, a differenza dei bambini non trattati.

Uno studio di Aduriz, Bluthgen e Knopfler (2009) ha trattato un intervento su 124 bambini (dai 4 ai 17 anni) che avevano subito un trauma in seguito a una grave inondazione a Santa Fe il 30 aprile 2003. L'intervento prevedeva un trattamento tramite EMDR dopo il disastro e un altro trattamento dopo 3 mesi per valutare i risultati. I risultati hanno mostrato una riduzione statisticamente significativa dei sintomi subito dopo l'intervento. Queste differenze statisticamente significative sono rimaste anche dopo tre mesi, come misurato da scale psicometriche e osservazione clinica e comportamentale. Nonostante le limitazioni metodologiche, questo studio sostiene l'efficacia della terapia EMDR nel miglioramento e nella prevenzione del PTSD, offrendo uno strumento efficiente, semplice e conveniente. L'EMDR è stato utilizzato con successo anche su bambini in setting di gruppo, in particolare: in Messico, Venezuela, El Salvador (Jarero et al., 2006), con bambini albanesi in un campo profughi in Germania (Wilson, Tinker, Hofman, Becker e Marshall, 2000), e con scolari a Milano dopo un incidente aereo in una scuola (Fernandez, Gallinari, Lorenzetti, 2004).

L'efficacia dell'EMDR è stata dimostrata anche confrontandola con altri tipi di interventi. Un interessante studio (Vaughn, Armstrong, Gold, O'Connor, Jenneke, Tarrier, 1994) ha dimostrato che l'EMDR è più efficace di altre terapie, in particolare la terapia di esposizione e le terapie di rilassamento. I risultati hanno mostrato una maggiore riduzione dei sintomi del PTSD, in particolare per quanto riguarda i sintomi intrusivi, come flashback e incubi, nei soggetti trattati con EMDR. Lo studio di Silver, Brooks e Obenchain (1995), su un gruppo di veterani con PTSD, ha anche mostrato che i soggetti trattati con tecniche di rilassamento e EMDR hanno mostrato un miglioramento maggiore rispetto a quelli trattati solo con tecniche di rilassamento. Un altro studio di Scheck et al. (1998) su un campione di 60 donne vittime di stupro che sono state sottoposte a due sessioni di EMDR o di ascolto attivo. Anche se il trattamento è stato di breve durata, l'EMDR si è dimostrato più efficace dell'ascolto attivo. In uno studio di meta-analisi condotto da Van Etten e Taylor (1998) che ha riguardato i risultati di 59 trattamenti in 32 studi che hanno coinvolto pazienti con PTSD, sono state considerate diverse terapie, tra cui:

farmacoterapie, terapia comportamentale, EMDR, terapia di rilassamento, idroterapia, ipnoterapia, hanno evidenziato che l'EMDR e la terapia comportamentale si sono rivelate le terapie più efficaci, con la differenza che l'EMDR è stato più breve nell'incontrare miglioramenti nella diagnosi di PTSD e gli effetti tendevano ad aumentare nei successivi follow-up. Lee, Gavriel, Drummond, Richards e Greenwald (2002), su un campione di 22 soggetti, sottoposti a 7 sessioni di terapia, hanno confrontato l'EMDR con l'inoculazione dello stress e la terapia di esposizione prolungata. L'EMDR ha dimostrato una maggiore efficacia nei sintomi di intrusività, e nel mantenimento dei risultati in un successivo follow-up. In uno studio di Ironson, Freund, Strauss e Williams (2002), che ha coinvolto un campione di 22 pazienti, ha mostrato che dopo 3 sessioni di EMDR i sintomi di PTSD e depressione sono diminuiti significativamente. Inoltre, gli effetti sono stati mantenuti ad un follow-up di 3 mesi e il trattamento è stato più veloce con l'EMDR che con la terapia comportamentale.

Negli ultimi venti anni, l'EMDR è stato al centro della ricerca scientifica nel campo della terapia dello stress traumatico, dimostrando di essere uno strumento efficace. Questa procedura continua a suscitare un forte interesse e curiosità, e gli studi volti a perfezionarla sono ancora in corso, soprattutto per quanto riguarda la comprensione dei fondamenti neurobiologici alla base del trattamento, ancora oggi poco conosciuti (Shapiro, 2011).

4.1 Disturbi d'ansia

Introduzione

Paura, ansia, angoscia, panico, terrore sono spesso considerate emozioni simili. In particolare, hanno in comune la sensazione di pericolo imminente e la reazione somatica di allarme che attiva il soggetto e gli permette di affrontare il pericolo attraverso l'attacco o la fuga (Lorenzini 2006).

Parlando di Disturbi d'Ansia è interessante capire il significato dell'ansia, il modo in cui si struttura e insorge, e come si differenzia dalla paura (Bara, 2005). Le prime teorie sull'ansia possono essere fatte risalire a Sigmund Freud (1925) e ad autori successivi, che consideravano l'ansia come un aspetto multidimensionale e non come un fenomeno unitario (Kandel, 2005). Freud aveva fatto una distinzione tra ansia reale (una risposta innata e involontaria a una situazione di pericolo interno o esterno) e ansia di segnale (una risposta di paura appresa con una funzione di segnale di avvertimento a situazioni traumatiche o conflittuali). Ulteriori studi, successivi a quelli di Freud, hanno poi suddiviso l'ansia appresa in tre forme: attacchi di panico (episodi ingiustificati di terrore, in assenza di una causa, caratterizzati da catastrofe imminente e attivazione del sistema nervoso simpatico), ansia anticipatoria (causata da un preciso segnale associato al pericolo) e ansia cronica (tensione persistente non legata a minacce esterne identificabili) (Ammaniti, 2010).

Nello specifico, l'ansia è una reazione di paura ingiustificata, eccessiva e indesiderata verso una situazione che normalmente non dovrebbe essere considerata pericolosa (Bara, 2005). "Una condizione di attivazione generale delle risorse fisiche e mentali, attivata in presenza di qualcosa che non è immediatamente identificabile" (Ammaniti, 2010, p. 148). L'evento, che apparentemente può sembrare innocuo e insignificante, immotivato e privo di significato, viene percepito e valutato dal soggetto come spaventoso e pericoloso, in quanto impedisce il raggiungimento di obiettivi rilevanti (Bara, 2005).

La paura, invece, è un elemento automatico "di base", un'emozione primaria, utile alla sopravvivenza, diffusa sia negli uomini che negli animali, che segnala un possibile pericolo e ci prepara a salvarci. Comprende tre elementi: l'esperienza soggettiva della paura, la modificazione fisiologica dell'organismo, il sistema di attacco o fuga per affrontare la minaccia (Lorenzini, 2006). La paura è scatenata da pericoli concreti nel tempo e nello spazio. Infatti, di fronte ad un pericolo reale, l'organismo si attiva psicologicamente e fisiologicamente per affrontarlo al meglio. Nell'ansia, invece, il pericolo è supposto e distante, valutato negativamente e considerato una minaccia a cui si allerta continuamente. L'ansia, quindi, diventa un segnale disadattivo, poiché provoca nel soggetto un continuo rimuginare e una continua preoccupazione verso possibili pericoli futuri, con la conseguenza di un'esistenza stanca nel presente, e un eccessivo dispendio di energie, poiché, in vista di potenziali attacchi temuti, l'organismo è continuamente attivato e allertato e predisposto al comportamento di attacco e fuga, ma poiché a tutta questa predisposizione non segue l'azione, poiché l'evento pericoloso non avrà luogo, non ha la possibilità di scaricarsi e di ristabilire l'equilibrio precedente (Bara, 2005).

Dal punto di vista cognitivo, l'ansia è dovuta ad uno scarso senso di autoefficacia di fronte ad una situazione interpretata come minacciosa e ad una eccessiva vulnerabilità, che spinge l'individuo verso una costante vigilanza e attenzione ad ogni dettaglio. Inoltre, il soggetto sopravvaluta sia la possibilità che l'evento minaccioso si verifichi sia la sua gravità. Questa interpretazione attiva nel soggetto la fuga o l'evitamento, ma non elimina l'idea dell'ambiente come minaccioso e l'incapacità di affrontarlo (Lorenzini, 2006).

Inoltre, questa ansia disfunzionale, che impegna costantemente il soggetto in comportamenti di evitamento, compromette la capacità di affrontare i compiti quotidiani e le relazioni affettive. Di conseguenza, il soggetto vede la sua vita deteriorarsi e spesso si rimprovera la mancanza di capacità e la vulnerabilità. Questa valutazione può portare alla depressione secondaria, con un'ulteriore perdita di qualità della vita e un abbassamento dell'autostima (Lorenzini, 2006).

4.2 Classificazione dei disturbi d'ansia secondo il DSM

Saranno considerati i Disturbi d'Ansia dell'Asse I del DSM-IV-TR (American Pychiatric Association, 2000). Questi disturbi hanno in comune i meccanismi di genesi e mantenimento dell'ansia, cioè sono sostenuti da credenze metacognitive e processi emotivi e comportamentali che portano a interpretazioni e valutazioni errate e catastrofiche della realtà e di se stessi. Questi meccanismi regolano il funzionamento del sistema cognitivo e sono responsabili dell'instaurazione e del mantenimento del disturbo d'ansia. Si differenziano, invece, per il fatto che il soggetto si sente continuamente e ripetutamente minacciato. Quindi l'ansia è sempre la stessa, ciò che differenzia i vari disturbi è lo scopo che il soggetto vuole e non può rinunciare, ma si sente minacciato (Lorenzini, 2006).

Il DMS-IV-TR (American Pychiatric Association, 2000) identifica in questa sezione i seguenti disturbi:

Attacco di panico

Agorafobia

Agorafobia senza disturbo di panico

Agorafobia senza disturbo di panico Anamnesi

Fobia specifica

Fobia sociale

Disturbo Ossessivo-Compulsivo

Disturbo Post-Traumatico da Stress

Disturbo Acuto da Stress

Disturbo d'Ansia Generalizzato

Disturbo d'ansia dovuto a una condizione medica generale

Disturbo d'ansia indotto da sostanze

Disturbo d'ansia non altrimenti specificato.

La seguente è una descrizione dei Disturbi d'Ansia secondo il DSM-IV- TR (American Pychiatric Association, 2000):

Attacco di panico

Il soggetto sperimenta un terrore improvviso e intenso, una sensazione di catastrofe imminente e di perdita di controllo. Secondo il DSM-IV-TR la paura intensa deve essere accompagnata da almeno quattro sintomi somatici o cognitivi su una lista di tredici (palpitazioni, cardiopalmo o tachicardia, sudorazione, tremori fini o grandi scosse, dispnea o sensazione di soffocamento, sensazione di asfissia, dolore o disagio al petto, nausea o disagio addominale, sensazioni di sbandamento e instabilità, sensazioni di irrealtà e depersonalizzazione, paura di perdere il controllo o di impazzire, paura di morire, parestesie, brividi o vampate di calore) che sorgono improvvisamente e raggiungono il picco entro 10 minuti. Spesso si sente il bisogno di fuggire dalla situazione di pericolo percepita.

Per l'Attacco di Panico non è possibile codificare una diagnosi specifica, poiché si presenta in diversi Disturbi d'Ansia, e quindi è solo un sintomo. L'attacco di panico può essere diviso in:

- Attacco di panico inaspettato: non è causato da nessun fattore, quindi si verifica spontaneamente, ed è tipico del Disturbo di Panico con o senza Agorafobia.

- Attacco di panico causato dalla situazione: si manifesta in presenza del fattore scatenante situazionale, ed è caratteristico della Fobia Sociale e delle Fobie specifiche.

- Attacco di panico sensibile alla situazione: si manifesta in seguito all'esposizione allo stimolo, ma non è necessariamente associato al fattore scatenante, quindi può verificarsi anche successivamente. Può essere frequente nel Disturbo di Panico, ma anche nella Fobia Sociale e nelle Fobie specifiche.

Agorafobia

Come per l'Attacco di Panico, anche l'Agorafobia è da considerarsi un sintomo che può manifestarsi nel Disturbo di Panico con Agorafobia e nell'Agorafobia senza una storia di Disturbo di Panico. Nel caso dell'Agorafobia, l'ansia insorge in luoghi o situazioni da cui è difficile allontanarsi, o dove non è possibile trovare aiuto e sostegno in caso di panico. La conseguenza è che il soggetto evita tutte quelle situazioni potenzialmente pericolose o le sopporta, ma con molto disagio. Tipiche situazioni di disagio sono: essere in una folla, viaggiare in macchina, essere in un ascensore, essere a casa da soli. Inoltre, l'atteggiamento di evitamento può compromettere tutte le azioni normali e quotidiane, come andare al lavoro o svolgere varie commissioni domestiche (ad esempio fare la spesa).

Disturbo di panico senza agorafobia

Questo tipo di disturbo è caratterizzato da frequenti e improvvisi attacchi di panico, dalla preoccupazione insistente di avere un altro possibile attacco di panico, e dalla preoccupazione per le conseguenze degli attacchi di panico e un cambiamento di comportamento in relazione all'attacco. Gli attacchi di panico non sono legati all'effetto di una sostanza, una condizione medica generale o un altro disturbo mentale. Inoltre, gli individui sperimentano un senso di ansia costante o intermittente che non è legato a una situazione specifica. Mostrano una preoccupazione esagerata per la propria salute, interpretando sintomi fisici minori in modo catastrofico, con conseguente ansia cronica debilitante. Spesso il disturbo può essere associato a esperienze di perdita e separazione con i propri cari, come andare a vivere da soli o il divorzio.

La demoralizzazione può essere frequente in questi soggetti, che provano sentimenti di vergogna, insoddisfazione e difficoltà a condurre una normale vita quotidiana. Da un punto di vista fisiologico, possono verificarsi tachicardia transitoria ed elevazione della pressione sistolica.

Gli attacchi di panico possono avere una frequenza moderata, ad esempio una volta alla settimana o quotidianamente con attacchi assenti o poco frequenti. L'esordio del disturbo avviene generalmente tra la tarda adolescenza e i 35 anni di età. In alcuni casi può iniziare nell'infanzia o dopo i 45 anni.

Agorafobia senza storia di disturbo di panico

A differenza del Disturbo di Panico con Agorafobia, in cui gli attacchi di panico sono completi, questo tipo di disturbo è caratterizzato da attacchi inabilitanti o imbarazzanti paucisintomatici, e da Agorafobia con paura e sintomi di panico (dei 13 elencati per l'Attacco di Panico).

Fobia specifica

Nella fobia specifica c'è una paura evidente, ricorrente, irragionevole ed eccessiva verso un oggetto o una situazione distinguibile, circoscritta e specifica. Di fronte ad uno stimolo fobico, il soggetto reagisce immediatamente con una risposta ansiosa, che può assumere la forma di un attacco di panico. Le reazioni di evitamento, paura e ansia conseguenti all'esposizione dello stimolo fobico, interferiscono chiaramente con la vita quotidiana, il lavoro e i compiti sociali. La paura può manifestarsi in presenza di un oggetto o di una situazione specifica e può comportare la paura di perdere il controllo e il panico. L'oggetto della paura può essere dei seguenti tipi: animale, ambientale/naturale (tempeste, altezze, acqua...), ematico, situazionale (trasporti pubblici, gallerie, ponti, ascensori, volare, guidare o luoghi chiusi...).

Fobia sociale (disturbo d'ansia sociale)

C'è una paura evidente, marcata e ricorrente verso situazioni sociali o di spettacolo, e l'esposizione allo stimolo fobico sociale scatena una risposta d'ansia immediata che può assumere la forma di un Attacco di Panico Situazionale. Anche in questo caso, come nella Fobia Specifica, questo tipo di disturbo interferisce con il funzionamento sociale, scolastico e lavorativo. Questi soggetti, di fronte a situazioni sociali o di performance, temono l'imbarazzo e il giudizio degli altri, soprattutto la preoccupazione di essere giudicati ansiosi, deboli, pazzi o stupidi. Spesso questi soggetti, in presenza delle situazioni temute, presentano sintomi di ansia come palpitazioni, tremori, sudorazione, diarrea, rossore del viso.

Si può parlare di "Fobia Sociale Generalizzata", quando si temono non solo le situazioni che comportano benefici pubblici, ma tutte quelle situazioni che prevedono interazioni sociali; questa paura può portare al rischio di un deficit di benefici sociali.

La Fobia Sociale è caratterizzata da bassa autostima, sentimento di inferiorità, ipersensibilità alle critiche e al rifiuto e alla valutazione tramite test. I soggetti hanno un basso contatto visivo, mani fredde e sudate, tremori e voce esitante. Possono anche presentare problemi a scuola per la paura di sostenere esami, e sul lavoro per la presenza di ansia quando si parla in pubblico o in gruppo.

Disturbo d'ansia dovuto a una condizione medica generale

Questo disturbo presenta un'ansia eccessiva come risultato degli effetti fisiologici di una condizione medica generale. I sintomi comuni possono includere ansia generalizzata, attacchi di panico o ossessioni o compulsioni. In relazione a questi sintomi, il disturbo consiste nelle seguenti specifiche: "Con ansia generalizzata", "Con attacchi di panico", "Con sintomi ossessivo-compulsivi".

Disturbo d'ansia indotto da sostanze

Gli individui sperimentano sintomi di ansia, attacchi di panico, fobie, ossessioni o compulsioni come risultato degli effetti fisiologici di una sostanza (una droga, un farmaco, una tossina). Tra le specifiche di questo disturbo abbiamo quella "Con ansia generalizzata", "Con attacchi di panico", "Con sintomi ossessivo-compulsivi", "Con sintomi fobici", "Con insorgenza durante l'intossicazione", "Con insorgenza durante l'astinenza".

Disturbo d'ansia non altrimenti specificato

Include quei disturbi d'ansia o di evitamento fobico che non soddisfano i criteri per nessun Disturbo d'Ansia specifico, Disturbo di Adattamento con Ansia e Umore Depresso. Questa categoria può includere: disturbo misto di ansia e depressione (sintomi di ansia e depressione), sintomi di fobia sociale legati a una condizione medica generale o a un disturbo mentale, Disturbo d'ansia di cui non è possibile specificare se sia primario, dovuto a una condizione generale o indotto da sostanze.

4.3 Processi generativi e di mantenimento e credenze psicopatologiche dei Disturbi d'Ansia

I processi sono credenze metacognitive che permettono di regolare il funzionamento del sistema. Spesso il soggetto non è consapevole di comportarsi secondo una certa regola. Pertanto, ciò che causa il disturbo non sono gli eventi concreti, ma le strutture cognitive dell'individuo. Questi schemi cognitivi possono portare l'individuo verso distorsioni cognitive e rappresentazioni soggettive della realtà e sono responsabili dell'origine e del mantenimento dei disturbi (Lorenzini, Capo, Stratta, 2006). "Il problema principale dei disturbi d'ansia non è quindi la produzione di ansia, ma schemi cognitivi inappropriati (pattern) relativi al pericolo, che costruiscono continuamente l'esperienza esterna e/o interna dell'individuo in termini di pericolo" (Beck, 1988, p.30).

Secondo Lorenzini, Capo, Stratta (2006) possiamo identificare i seguenti processi coinvolti nei Disturbi d'Ansia:

- Scopi senza alternative costruite: i nostri comportamenti individuali sono guidati da scopi, e sono organizzati come una piramide gerarchica, dove in cima possiamo trovare lo scopo superiore e in fondo una serie di scopi strumentali. Più uno scopo è in alto, più è desiderabile, maggiore è l'intensità dell'ansia provata. Quando si tratta di Disturbo d'Ansia, il problema è la mancanza di scenari alternativi. Questa condizione trasforma la

preferenza in un obbligo assoluto, a cui non si può rinunciare.

Evitamento: è un processo cognitivo e comportamentale attuato quando il soggetto cerca di stare lontano da luoghi, persone o situazioni che possono generare un'esperienza ansiosa. L'evitamento è un fattore adattativo che ci permette di evitare situazioni che potrebbero causarci danni, ma diventa disfunzionale quando viene utilizzato come strategia privilegiata,

come nel caso del Disturbo d'Ansia.

Errore matacognitivo: È un errore di giudizio che consiste nell'interpretare

l'attivazione emotiva come un segnale di pericolo. Questo errore è alla base del Disturbo d'Ansia, perché l'ansia non viene identificata come un segnale di pericolo, ma diventa essa stessa un pericolo.

Bias ed euristica: si tratta di errori di giudizio e nel prendere decisioni, tra cui sopravvalutazioni sul verificarsi di un evento, la grandezza di un evento, astrazione selettiva, inferenze arbitrarie. Questi errori contribuiscono a creare circoli viziosi che mantengono lo stato di allarme.

Le credenze psicopatologiche sono credenze personali sia positive che negative che portano i soggetti a modi abituali di vedere le cose. Possono, quindi, contribuire al mantenimento e al peggioramento di un disturbo (Sassaroli, Ruggiero, 2006).

Secondo Sassaroli, Ruggiero (2006) possiamo identificare le seguenti credenze psicopatologiche comuni ai vari Disturbi d'Ansia:

- Pensiero catastrofico: sopravvalutazione dei rischi e dei pericoli con previsioni negative e catastrofiche.

- Intolleranza all'incertezza: errore cognitivo che porta a interpretare situazioni incerte e ambigue come stressanti, ed eventi negativi come qualcosa da evitare. La conseguenza è l'incapacità di gestire situazioni imprevedibili.

- Perfezionismo patologico: ogni errore è percepito come un fallimento. Come conseguenza, il soggetto evita costantemente di fare errori.

Autovalutazione negativa: paura di non avere la capacità di affrontare materialmente ed emotivamente le situazioni temute. Queste credenze metacognitive abbassano il livello di autoefficacia e di autostima.

Il bisogno di controllo: il bisogno di tenere le cose e gli eventi sotto controllo, con la convinzione e la speranza di impedire che gli eventi temuti accadano.

Intolleranza alle emozioni: incapacità di distinguere l'emozione della paura da un pericolo reale e concreto. Di conseguenza, la paura non è più un segno di pericolo adattivo, ma diventa il pericolo stesso.

Senso di responsabilità: tendenza a valutare se stessi come responsabili di eventi e avvenimenti negativi e temuti.

4.4 Disturbi d'ansia in età evolutiva

"Le sindromi ansiose rappresentano un problema clinico rilevante per la loro insorgenza precoce, per la variegata molteplicità dei quadri con cui si manifestano e per il rischio di continuità psicopatologica nelle fasi evolutive successive" (Ammaniti, 2010, p.147).
La definizione dell'ansia significativa, da un punto di vista clinico, in età evolutiva, è un compito difficile, poiché l'ansia e la paura hanno caratteristiche diverse, sia in termini di gravità che di limiti a livello di processi emotivi e adattativi, e si collocano su un continuum (Egger, Angold, 2006). Infatti, a differenza degli adulti, non è facile fare una distinzione oggettiva tra ansia e paura, perché in età evolutiva il bambino non sa ancora distinguere adeguatamente ciò che è fantasia e ciò che è realtà, per cui molte esperienze di paura nell'infanzia, come gli incubi notturni, la paura dell'estraneo, la paura del buio e della notte, non sono legate a pericoli reali. Un modo per distinguere l'ansia patologica dall'ansia adattativa è quello di valutare la persistenza di una paura normale facendo riferimento all'e-

tà cronologica e tenendo conto della frequenza, dell'intensità e della durata dell'ansia (Lambruschi, 2004). Si tratta quindi di valutare l'impatto che questo stato d'animo ha sul comportamento abituale del bambino e sul suo sviluppo emotivo, cognitivo e sociale (Ammaniti, 2010).

Secondo Lambruschi (2004), nell'età evolutiva, come nell'età adulta, possiamo identificare tre tipi di sintomi in relazione all'ansia: - behavioural symptoms: avoidance and escape when possible, or behaviours such as sucking your thumb, biting your nails, crying;

- physiological symptoms: tremors, sweating, gastrointestinal problems, tachycardia, redness in the face, etc.;

- cognitive components: thoughts about the possibility of parents dying, disappearing, becoming ill, injured etc.

Da un punto di vista cognitivo-comportamentale, l'ansia in età evolutiva è il prodotto di elaborazioni cognitive distorte e disfunzionali, tra cui: ipergeneralizzazione, catastrofizzazione e autosvalutazione. Questi pensieri negativi portano a interpretazioni errate della realtà, una percezione del mondo esterno come pericoloso e una valutazione di se stessi come impotenti e incapaci. Di conseguenza, i bambini ansiosi presentano deficit nell'attuazione di strategie comportamentali utili ad affrontare i pericoli temuti (Lambruschi, 2004).

Secondo la prospettiva cognitivo-evolutiva, si devono prendere in considerazione due questioni relative allo sviluppo e all'organizzazione del Sé: lo "sviluppo emotivo" che si costruisce all'interno dei processi interpersonali e i "processi di regolazione e controllo degli stati emotivi", cioè tutti quegli elementi che permettono di distinguere l'ansia come stato adattivo e l'ansia come stato egodistonico. In particolare, il disturbo d'ansia sarebbe caratterizzato da contesti di cura imprevedibili e da figure di attaccamento insicure e iperprotettive, insoddisfatte e spaventate. Questo atteggiamento genitoriale limita nel bambino l'esplorazione dell'ambiente e la sperimentazione delle relazioni, e lo porta ad interiorizzare la realtà esterna come pericolosa e se stesso come fragile. L'insicurezza vissuta dal bambino provoca un costante controllo delle figure di accudimento ed eccessivi segnali di allarme al momento della separazione. Inoltre, la capacità di regolare i propri stati emotivi è compromessa, poiché le figure di attaccamento sono incapaci di sintonizzarsi, riflettere e dare significato alle emozioni del bambino. Di conseguenza, il bambino non può sviluppare e organizzare la conoscenza emotiva in modo armonioso. Avere una conoscenza emotiva ben integrata di se stessi e degli altri permette di riconoscere il proprio comportamento emotivo e quello degli altri, di poterlo prevedere e di adottare strategie adeguate e coerenti. Quando al bambino non viene offerta la possibilità di costruire coerentemente i significati della realtà interna ed esterna, la sua capacità di riconoscere, sperimentare e organizzare gli aspetti emotivi legati alla paura è compromessa. Di conseguenza, quando il bambino sperimenta la paura della separazione, che è normalmente una paura adattativa, viene considerata una minaccia eccessiva, poiché non viene riconosciuta, trasformandosi così in un'ansia disorganizzante. Di fronte a questa situazione stressante, il bambino mette in atto comportamenti e strategie di controllo verso le relazioni affettive. I caregiver tendono però ad interpretare questo atteggiamento come un evitamento inadeguato di fronte ad un pericolo esterno (ad esempio la scuola). Questo errore spinge il bambino ad allontanarsi, e quest'ultimo percepisce ulteriori paure di perdita che vanno a riconfermare le sue credenze e che aumentano i comportamenti di prossimità. Queste attribuzioni errate portano ad una rottura della sintonia emotiva e cognitiva tra madre e bambino (Lambruschi, 2004).

Per quanto riguarda la classificazione dei Disturbi d'Ansia in età evolutiva, prima degli anni '70, le ansie e le paure infantili erano considerate condizioni transitorie e temporanee. A partire dal DSM-III-R (American Psychiatric Association, 1987) si inizia a parlare di Disturbi d'Ansia nell'infanzia e nell'adolescenza, e vengono create tre categorie (Lambruschi, 2004):

Disturbo d'ansia da separazione;

Disturbo da evitamento;

Disturbo da Iperansia.

Nella successiva revisione, il DSM-IV (American Psychiatric Association, 1994), invece, viene descritto un solo Disturbo d'Ansia, ovvero il "Disturbo d'Ansia da Separazione", per semplificare la classificazione, poiché molti sintomi dell'infanzia sono rilevabili anche negli adulti. Questa scelta permette anche di evidenziare la continuità della psicopatologia, nel senso che la psicopatologia adulta può essere spiegata a partire dall'età evolutiva. Il DSM-IV-TR (American Pychiatric Association, 2000) mantiene gli stessi criteri della classificazione precedente (Lambruschi, 2004).

In secondo luogo, i Disturbi d'Ansia ICD-10 (International Statistical Classification of Diseases, 1992) sono inclusi nelle Sindromi e Disturbi della Sfera Emotiva e sono elencati come segue:

- Sindrome d'ansia da separazione infantile; - Sindrome fobica infantile;

Sindrome d'ansia sociale infantile;

Disturbo da rivalità tra fratelli;

Sindromi o altri disturbi emotivi;

Sindrome d'ansia generalizzata dell'infanzia.

Di seguito verrà presentata una descrizione dei Disturbi d'Ansia in età evolutiva, secondo la classificazione ICD-10 (International Statistical Classification of Diseases, 1992) e la revisione di Lambruschi (2004):

Sindrome d'ansia da separazione infantile

Il bambino sperimenta un'ansia intensa ed eccessiva quando sente il distacco e la separazione dalle figure significative, di solito la madre. Il primo sintomo di ansia deve verificarsi nei primi sei anni di vita e deve essere inappropriato per l'età fisiologica. Si tratta di bambini che evitano di stare da soli, per esempio quando devono andare a dormire e devono andare a scuola, perché hanno paura di essere uccisi, rapiti o danneggiati. Inoltre, provano una forte paura che possa accadere qualcosa di catastrofico ai loro genitori che potrebbe separarli definitivamente da loro.

Durante la separazione dai genitori, possono sperimentare sintomi somatici come mal di testa, vomito, mal di stomaco, dolori addominali e un'eccessiva sofferenza costituita da ansia, pianto, rabbia, tristezza, apatia o ritiro sociale.

Sindrome fobica infantile

Il bambino manifesta una paura eccessiva e ricorrente di oggetti, animali o situazioni specifiche. Non si tratta di una paura normale che può manifestarsi nello sviluppo del bambino per il livello di gravità e perché influenza e interferisce con il normale funzionamento del bambino e le relazioni familiari.

Sindrome da ansia sociale

In questo disturbo, il bambino mostra un'eccessiva timidezza nei confronti di persone o situazioni non familiari, rendendo difficili le relazioni interpersonali. Di fronte a persone o situazioni nuove, il comportamento tipico è l'evitamento. Con i membri della famiglia o gli amici, invece, hanno relazioni interpersonali normali e soddisfacenti.

Disturbo da rivalità tra fratelli

Di fronte alla nascita di un fratello minore, può sorgere un disturbo emotivo, che può diventare patologico quando si dimostra eccessivo e persistente e crea difficoltà nell'interazione sociale.

Sindrome d'ansia generalizzata

È caratterizzata da ansia eccessiva e preoccupazione irragionevole, ma non può essere collegata a nessun elemento specifico.

Possono comparire problemi somatici come dolori e malessere. Inoltre, ci sono forti preoccupazioni su se stessi e sul proprio comportamento, con l'impegnativa conseguenza di richiedere frequenti rassicurazioni. Le maggiori preoccupazioni riguardano il proprio rendimento in futuro, come un controllo a scuola, una visita medica, o eventi che hanno già avuto luogo come una competizione sportiva, un interrogatorio o un'interazione interpersonale.

Nella diagnosi è necessario assicurarsi che non ci siano esperienze traumatiche come abusi sessuali, violenze, lutti, ecc. Quando l'ansia manifestata è associata ad un trauma, sarebbe più utile parlare di "Reazione Acuta allo Stress" o "Disturbo Post-Traumatico da Stress".

5 EMDR e disturbi d'ansia

5.1 Introduzione

Sulla base dei presupposti della Shapiro (1999), si può sostenere che l'EMDR può essere applicabile non solo al PTSD ma anche ad altri Disturbi d'Ansia (de Jongh, ten Broeke, 2009), essendo "concepito come una forma di terapia delle esperienze che contribuiscono allo sviluppo di disturbi e salute" (Dworkin, 2010, p. 263). Infatti, alla base del modello AIP, le patologie sono legate alle esperienze infantili, immagazzinate nella memoria in una rete associativa. Le esperienze passate influenzano le esperienze presenti, e le esperienze negative possono rimanere bloccate nel sistema nervoso della persona e dare origine a risposte patologiche (Solomon, Shapiro, 2008). Inoltre, "l'EMDR si concentra non solo sui ricordi che sono coinvolti nello sviluppo della malattia, ma agisce anche sulle situazioni presenti che stimolano il disagio emotivo, e aiuta a consolidare le competenze specifiche e i comportamenti necessari all'individuo in futuro". (Giannantonio, 2009b, p.231). "Questo perché la rete associativa della memoria è complessa, e si vuole raggiungere il maggior numero possibile di sfaccettature del problema. Infatti, poiché il passato e il presente sono collegati su vari livelli della nostra rete di memoria associativa, gli effetti positivi del trattamento si propagano attraverso il sistema, e la persona può iniziare a reagire a situazioni simili in modo positivo" (Shapiro, Forrest, 1998, p.82).

Uno dei primi studi a sostegno dell'applicabilità della procedura EMDR ad altri disturbi, oltre al

PTSD, fu quello di Marquis (1991). La ricerca ha coinvolto 78 soggetti con vari disturbi, tra cui: PTSD, disturbi d'ansia, difficoltà relazionali, dipendenze, disturbi di personalità. Oltre alla procedura EMDR, furono utilizzate altre tecniche, in particolare metodi di rilassamento e tecniche di ristrutturazione cognitiva. Secondo l'autore, i risultati sono stati positivi nella maggior parte dei soggetti, tranne che negli stati di dipendenza e nei problemi comuni. Si tratta però di uno studio fortemente criticato dal punto di vista metodologico.

Mentre ci sono molte ricerche per il PTSD e l'EMDR è stato identificato come il trattamento di scelta per questo disturbo (Bisson et al, 2007), è deludente scoprire che dopo poco più di venti anni, ci sono ancora pochissimi studi che supportano l'efficacia dell'EMDR per condizioni diverse dal PTSD.

Inoltre, poiché questi studi sono basati su protocolli incompleti e cicli di trattamento limitati, non è possibile dare risposte definitive sull'efficacia del trattamento EMDR per i Disturbi d'Ansia. Gli studi, tuttavia, anche se pochi e con molti difetti, presentano risultati che fanno ben sperare per questo tipo di ricerca (de Jongh, ten Broeke, 2009).

Poiché il futuro dell'EMDR come metodo terapeutico dipende in gran parte dalla ricerca, è della massima importanza che i sostenitori dell'EMDR diventino più consapevoli della necessità di pubblicare i loro studi. Inoltre, i ricercatori dovrebbero impegnarsi di più nella valutazione dell'efficacia dell'EMDR confrontandola con altri interventi empiricamente validati in termini di risultati e soddisfazione dei pazienti (de Jongh, ten Broeke, 2009).

5.2 Ricerche e discussioni sull'efficacia dell'EMDR nei disturbi d'ansia

Questa sezione è dedicata ad una raccolta di ricerche che hanno cercato di indagare l'efficacia dell'EMDR sui Disturbi d'Ansia. Gli studi presentati saranno divisi per ogni disturbo:

Fobie Secondo la Shapiro (1995), le fobie possono essere distinte in due modi: fobie semplici

si concentrano su un oggetto specifico (ad esempio la paura dei ragni) e le fobie di processo in cui il soggetto ha un ruolo attivo e la paura comprende diversi passaggi e azioni. Shapiro (1995) sostiene che il trattamento EMDR delle fobie dovrebbe riguardare: il superamento della paura della paura attraverso l'allenamento all'autocontrollo (ad esempio con tecniche di immaginazione attiva), l'elaborazione e la desensibilizzazione del primo ricordo della paura, i ricordi peggiori e il ricordo più recente, e infine lo sviluppo di un'immagine futura positiva in cui il soggetto dimostra di non avere paura. Le fobie di processo richiedono, inoltre, un impegno da parte del paziente ad affrontare l'evento, fonte della paura, entro un tempo definito.

Già dai primi anni, quando l'EMDR è stato scoperto, troviamo alcuni studi riguardanti il trattamento dell'EMDR nelle fobie specifiche.

Per quanto riguarda i casi individuali di trattamento delle fobie, è interessante lo studio di Kleinknecht (1993), che riporta il caso di una donna di 21 anni con una fobia per il sangue e le iniezioni. Dopo quattro sessioni di trattamento EMDR, la donna ha mostrato miglioramenti ed è stata in grado di ricevere iniezioni, in particolare si è sottoposta a una vaccinazione antinfluenzale e a un prelievo di sangue. I risultati sono stati mantenuti in un follow-up di 24 settimane. Uno studio successivo di Lohr, Tolin e Kleinknecht (1995), sul trattamento delle fobie del sangue e delle iniezioni, condotto su due donne, rispettivamente di 35 e 22 anni, portò anch'esso a dei miglioramenti con una diminuzione dei valori di ansia, in particolare per la donna di 22 anni, mentre per la donna di 35 anni l'ansia ricomparve ad un follow-up di 6 mesi.

Ten Broeke e de Jongh (1993) hanno presentato il caso di una donna di 63 anni con la fobia dei topi. Dopo una sola sessione di EMDR, la paziente ha riportato miglioramenti, e i risultati sono stati mantenuti ad un follow-up di 6 mesi.

Acierno, Tremont et al. (1994) hanno riportato il caso di una donna di 42 anni con una paura del buio, della morte e dei cadaveri. Il trattamento prevedeva sei sedute con EMD, senza movimenti oculari, ma la paziente non ha portato importanti miglioramenti clinici. L'insuccesso fu attribuito all'uso scorretto del metodo.

Young e Walter (1994), hanno condotto uno studio su due donne di 35 e 39 anni, rispettivamente, con gravi disturbi di personalità e fobie persistenti. In particolare, la prima con una fobia specifica verso i serpenti, la seconda verso le falene e la luna piena. Le due donne sono state trattate con 2 sessioni di EMDR, secondo il protocollo standard di Shapiro. I risultati sono stati positivi in entrambe le sessioni e sono stati mantenuti ad un follow-up di 6 mesi.

Altri casi individuali che riguardano il trattamento delle fobie attraverso l'EMDR possono essere rintracciati nello studio di de Jongh, ten Broeke e van der Merr (1995), che riporta il caso di un paziente di 30 anni con la paura della nausea e di dover vomitare. Dopo una sola sessione di EMDR, la donna ha riportato un miglioramento significativo, con la scomparsa dei sintomi e i risultati sono stati mantenuti in un follow-up di 4 mesi. Interessante anche lo studio di Hassard (1995), che riporta il caso di una donna di 37 anni che, dopo un intervento chirurgico all'anca, soffriva della paura di dover subire un altro intervento. Dopo una sessione di EMDR, la paziente ha riportato miglioramenti e la scomparsa dell'ansia, e i risultati sono stati mantenuti ad un follow-up di 6 mesi.

De Jongh e ten Broeke (1996), hanno presentato il caso di una donna di 35 anni con una fobia verso i dentisti dall'età di 8. La donna non aveva mostrato alcun miglioramento con la terapia cognitivo-comportamentale, mentre 2 sessioni di EMDR furono sufficienti per ricominciare il trattamento dentale. I risultati sono stati mantenuti ad un follow-up di 2 anni.

In recenti studi di casi individuali abbiamo Schurmans (2007), che ha descritto il trattamento di una donna che aveva sviluppato una fobia del soffocamento in seguito a una reazione allergica a una bevanda alle erbe. Per quattro anni, la donna aveva ricevuto vari tipi di trattamento, tra cui il trattamento per i disturbi alimentari, la terapia psicodinamica breve, la terapia cognitivo-comportamentale, e trattamenti psicofarmacologici, ma tutti con esiti negativi. Il trattamento EMDR si è rivelato più efficace di altri trattamenti, anche se non ha portato alla completa remissione della fobia. De Roos e de Jongh (2008) hanno anche dimostrato l'efficacia del trattamento EMDR nella fobia del soffocamento nel loro studio. I 4 bambini studiati hanno mostrato un miglioramento significativo dopo 2 sessioni di EMDR.

Per quanto riguarda la ricerca, troviamo interessanti studi a favore dell'efficacia dell'EMDR nel trattamento delle fobie. In particolare in uno studio di

Hekmat, Edelstein e Cook (1994), condotto su 20 studenti con ansia da prestazione, legata alla paura di fallire negli esami, e divisi in due gruppi, uno sottoposto a tre sedute di trattamento EMDR, l'altro come gruppo di controllo, ha mostrato effetti positivi del gruppo trattato, rispetto al gruppo di controllo, e i risultati si sono mantenuti ad un follow-up di 6 mesi.

In uno studio di Bauman e Melnyk (1994), condotto su 30 studenti con fobia per gli esami, divisi in due gruppi, uno trattato con EMD e movimenti oculari, l'altro con EMD e compiti motori, ha mostrato che i risultati del primo gruppo erano migliori del secondo. Uno studio successivo di Gosselin e Mathews (1995) su 40 studenti con fobia degli esami, divisi in due gruppi, un gruppo trattato con EMD e movimenti oculari, l'altro con una variante senza movimenti oculari, ha mostrato anche che i risultati erano migliori nel primo gruppo, ma ad un follow-up di 1 mese non erano mantenuti. Secondo gli autori, il fallimento dei risultati è legato al fatto che, mentre nello studio di Bauman e Melnyk (1994) il trattamento riguardava solo un ricordo, in questo studio il trattamento prendeva in considerazione immagini passate e future, per cui una sola sessione di EMDR non poteva essere sufficiente.

Uno studio di Muris, Merckelbach, Holdrinet e Sijsenaar (1998), dell'Università di Maastricht, ha cercato di dimostrare l'efficacia dell'EMDR su 26 bambini con una fobia dei ragni. Inoltre, gli autori hanno cercato di confrontare l'efficacia dell'EDMR con altre tecniche. Il trattamento prevedeva due fasi: inizialmente i soggetti furono divisi in tre gruppi: 9 per il gruppo EMDR, 9 per l'esposizione in vivo e 8 per l'esposizione computerizzata. Nella seconda fase tutti i gruppi hanno ricevuto l'esposizione in vivo. Per l'EMDR è stato utilizzato il protocollo standard di Shapiro (1995) e l'avversione ai ragni è stata desensibilizzata lavorando su un evento legato alla fobia dei ragni passata, recente e futura. Per l'esposizione in vivo è stata utilizzata la procedura Ost (1989), con esercizi di esposizione che consistevano nel guardare un ragno da lontano, fino al contatto con il corpo. Il trattamento di esposizione computerizzata (Whitby, Allcock, 1994), invece, consisteva in un confronto gerarchico con ragni di varie forme e specie, rappresentati sullo schermo del computer.

I risultati hanno mostrato che l'esposizione computerizzata non è particolarmente efficace, l'EMDR, invece, produce miglioramenti, in particolare permette di modificare i punteggi SOUTH e VOC e la paura fobica, ma l'esposizione in vivo è il trattamento più efficace, in quanto permette di ridurre i sintomi e i comportamenti di evitamento tipici della fobia specifica. Questo studio ha confermato ricerche precedenti, che hanno dimostrato che l'esposizione in vivo è più efficace dell'EMDR nel trattamento delle fobie specifiche (Menzies e Clarke, 1993 - Acierno, Tremont, Last, Montgomery,1994 - Muris e Merckelbach, 1995 -1997 - Muris, Merckelbach, Van Haaften e Mayer, 1997).

Uno studio di Carrigan e Levis (1999), ha cercato di capire l'efficacia dell'EMDR nel trattamento della fobia di parlare in pubblico. Lo studio ha effettivamente dimostrato che l'EMDR non ha portato ad una riduzione della paura.
Uno studio di de Jongh, ten Broeke e Renssen (1999) ha anche sostenuto che l'esposizione in vivo è più efficace dell'EMDR nelle fobie specifiche, ma gli autori hanno sottolineato che non è sempre possibile appli-

care l'esposizione in vivo perché non tutti gli oggetti e le situazioni alla base di una fobia sono disponibili. Di fronte a queste difficoltà pratiche, l'EMDR sembra essere più applicabile.

Uno studio di de Jongh, van den Oord e ten Broeke (2002) ha dimostrato l'efficacia del trattamento EMDR per la fobia dei denti. Dopo tre sessioni di EMDR, tre dei quattro pazienti hanno mostrato una riduzione dell'ansia per il trattamento dentale e un significativo cambiamento comportamentale. I risultati sono stati mantenuti anche ad un follow-up di 6 settimane.

De Jongh e ten Broeke (2007), in un recente articolo, hanno sostenuto che l'EMDR è più efficace nelle fobie specifiche che hanno un'origine traumatica, infatti l'EMDR si presta bene a selezionare e rielaborare i ricordi passati di esperienze negative legate a specifici oggetti o situazioni. È meno efficace nelle fobie che non hanno una base traumatica.

In un recente studio di Triscari, Faraci, D'Angelo, Urso e Catalisano (2011), è stato presentato il trattamento di pazienti con fobia di volare. I soggetti, divisi in due gruppi e sottoposti rispettivamente al trattamento EMDR e alla terapia comportamentale, sono stati osservati sia in fase di pre-trattamento che di post-trattamento. I risultati hanno mostrato che entrambi i trattamenti hanno portato a miglioramenti significativi.

In conclusione, gli studi sull'EMDR nel trattamento delle fobie specifiche sembrano essere più numerosi rispetto ad altri Disturbi d'Ansia, ma ancora insufficienti a dimostrare la loro efficacia (de Jongh, ten Broeke, 2009). Per quanto riguarda gli studi di casi individuali è stato dimostrato che l'EMDR può essere efficace, in quanto porta a significativi miglioramenti nelle ansie e fobie attuali, ma come alcuni studiosi sostengono (Eschenroder, 2003), non è possibile trarre conclusioni generali da questi studi, in quanto la maggior parte dei clinici tende a pubblicare più casi di successo, e quindi diventa difficile fare confronti e riflessioni. Nel caso della ricerca, l'EDMR ha dimostrato di produrre miglioramenti in diverse fobie specifiche, mantenendo i risultati anche ai successivi follow-up, ma è meno efficace dell'esposizione in vivo nella remissione completa dei sintomi e dei comportamenti di evitamento (Muris, Merckelbach, Holdrinet, Sijsenaar, 1998), e sembra essere più efficace per fobie specifiche che hanno una base traumatica (de Jongh e ten Broeke, 2007).

Disturbo ossessivo-compulsivo

La ricerca ha dimostrato che i pazienti con OCD rispondono relativamente bene alla terapia cognitivo-comportamentale, mentre l'EMDR generalmente non gioca un ruolo importante nel trattamento di questo disturbo (de Jongh e ten Broeke, 2009). Tuttavia, ci possono essere delle eccezioni, poiché ci sono prove che suggeriscono che gli eventi stressanti possono portare a questo tipo di disturbo. È possibile, quindi, identificare un nesso causale tra un trauma grave e l'insorgenza del DOC, quindi può essere utile fare una desensibilizzazione e rielaborazione della memoria del paziente (De Silva, Marks, 1999).

Tra gli studi attuali abbiamo quello di Corrigan e Jennett (2004), in cui viene riportato il caso di una donna di 29 anni, affetta da disturbo ossessivo-compulsivo da 10 anni. La paziente non aveva presentato alcun miglioramento né con la terapia cognitivo-comportamentale né con la terapia farmacologica. Si è sottoposta al trattamento EMDR, mostrando risultati soddisfacenti, ma nove mesi dopo ha mostrato una ricaduta con un forte aumento dell'ansia e un parziale ritorno di pensieri e comportamenti compulsivi, innescati dall'assunzione di prodotti per facilitare la perdita di peso.

Un altro studio di Böhm, Voderholzer (2010) descrive come il trattamento dell'OCD attraverso la terapia cognitivo-comportamentale non sempre corrisponde al metodo più efficace. Infatti, il 15-40% dei pazienti tende a non rispondere a questo trattamento, a non essere motivato e ad abbandonarlo frequentemente. L'EMDR può essere considerato un metodo aggiuntivo che può eliminare questi problemi specifici. I tre pazienti riportati dagli autori, che si sono sottoposti a entrambi i trattamenti, hanno mostrato una riduzione del 60% dei sintomi. Hanno anche sperimentato l'EMDR come un metodo utile e motivante e sono stati incoraggiati ad affrontare le loro emozioni. L'EMDR è quindi un metodo utile nel trattamento dei pazienti con disturbo ossessivo-compulsivo, ma sono necessari ulteriori studi randomizzati controllati per confermare questa conclusione (Böhm, Voderholzer, 2010).

Disturbo di panico

Ciò che Shapiro dice nel suo libro (1995, p.222) "Può essere continuamente traumatizzato dalla paura della paura" si adatta bene ai pazienti che soffrono di Disturbo di Panico. L'EMDR è quindi una tecnica raccomandata per questo tipo di pazienti (Muris, Merckelbach, 1999).

Tra i primi studi che hanno indagato l'efficacia del trattamento EMDR per i Disturbi di Panico, abbiamo

Goldstein e Feske (1994), che hanno riportato il caso di una serie di pazienti con attacchi di panico che dopo 5 sessioni di EMDR hanno presentato una diminuzione della frequenza degli attacchi di panico, la paura di sperimentare un attacco di panico, e la paura delle sensazioni del corpo. In un altro studio di Feske e Goldstein (1997), gli autori hanno confrontato un gruppo di pazienti trattati con EMDR, con EMDR senza movimenti oculari, e un altro gruppo in lista d'attesa. I risultati hanno mostrato che i pazienti che avevano ricevuto il trattamento EMDR, rispetto a quelli in lista d'attesa, avevano ridotto i sintomi relativi al Disturbo di Panico. Inoltre, i pazienti che hanno ricevuto l'EMDR con movimenti oculari hanno ottenuto risultati migliori di quelli che hanno ricevuto l'EMDR senza movimenti oculari, anche se ad un follow-up di 3 mesi queste differenze non sono state mantenute.

Uno studio di Muris e Merckelbach (1999) ha cercato di confrontare il trattamento EMDR per il disturbo di panico con la terapia cognitivo-comportamentale. Dopo cinque sessioni di trattamento, i pazienti che avevano ricevuto la terapia cognitivo-comportamentale hanno mostrato risultati migliori.

In uno studio randomizzato di Goldestein et al. (2000) sul Disturbo di Panico con Agorafobia, sono stati confrontati tre gruppi sperimentali: un gruppo che aveva ricevuto il trattamento EMDR (n = 18), il secondo in lista d'attesa (n = 14) e il terzo in una condizione di rilassamento, attraverso la terapia di associazione e rilassamento (ART) (n = 13), una tecnica molto simile all'EMDR ad eccezione della stimolazione bilaterale. L'ART consisteva in un rilassamento muscolare da 30 a 45 minuti, seguito da una descrizione, a occhi chiusi, della scena di panico più spaventosa. Le valutazioni del disturbo di panico, prima e dopo il trattamento, sono state fatte attraverso questionari, interviste e diari. I risultati hanno mostrato che i pazienti che avevano ricevuto EMDR avevano presentato miglioramenti nei questionari, diari e interviste, ma nessun miglioramento nella frequenza degli attacchi di panico e nelle misure cognitive. Per il confronto con l'ART, i risultati per l'EMDR erano sfavorevoli. Si è sostenuto che un corso di preparazione più lungo avrebbe portato a risultati migliori (Shapiro, 1999). Questa tesi è supportata da uno studio di Fernandez e Faretta (2007) che ha riportato il caso di una donna con disturbi di panico e agorafobia. Il trattamento prevedeva una fase di preparazione di 6 sessioni e un trattamento di 15 sessioni EMDR. I risultati finali hanno riportato una remissione completa dei sintomi e il mantenimento del comportamento ad un follow-up di 1 anno.

Disturbo d'ansia generalizzato

L'unico studio che ha valutato i potenziali effetti dell'EMDR su pazienti con disturbo d'ansia generalizzato è quello di Gauvreau e Bouchard (2008). Gli autori hanno sottoposto a 15 sessioni di EMDR, quattro soggetti con disturbo d'ansia generalizzato. Dopo il trattamento, i risultati hanno mostrato che l'ansia e la preoccupazione erano scesi significativamente a livelli inferiori alla soglia diagnostica, e in due casi c'è stata la remissione completa dei sintomi. Inoltre, in un follow-up di 2 mesi, tutti e quattro i pazienti non sono stati più diagnosticati con Disturbo d'Ansia Generalizzato.

Disturbo acuto da stress

L'unica ricerca che ha indagato l'efficacia del trattamento EMDR per il Disturbo Acuto da Stress è quella di Kutz, Resnik e Dekel (2008). Gli autori hanno descritto un intervento EMDR su 86 pazienti in un ricovero ospedaliero. I risultati hanno mostrato che il 50% dei pazienti ha mostrato una riduzione dei sintomi intrusivi e del disagio generale, il 27% ha descritto un parziale sollievo dei sintomi, mentre il 23% non ha riportato alcun miglioramento. I risultati sono stati mantenuti ad un follow-up di 6 mesi.

5.3 EMDR e disturbo di panico: un esempio di protocollo di intervento

L'EMDR è una procedura nata per l'intervento sul PTSD, quindi la sua struttura standard, dal punto di vista applicativo e teorico, è specifica per questa patologia. Per quanto riguarda le altre patologie, il protocollo di intervento è un adattamento del protocollo originale. Infatti, sebbene l'EMDR sia nato e sviluppato soprattutto per il PTSD, e quindi per il trattamento di eventi traumatici e altamente stressanti, può essere applicato anche a psicopatologie che tradizionalmente non hanno origine nel trauma, ma che possono comunque essere caratterizzate da esperienze traumatiche e stressanti (Giannantonio, 2009b). Giannantonio (2009b) descrive nel suo libro "Il Disturbo di Panico. Psicoterapia cognitiva, ipnosi ed EMDR" la strategia terapeutica con l'EMDR che può essere applicata per il trattamento del Disturbo di Panico. In particolare, la prima fase è quella della stabilizzazione, in cui si valuta il disturbo, la storia del paziente, si cerca di capire se il paziente sta assumendo farmaci, si forniscono informazioni sul disturbo e si crea l'alleanza terapeutica. La seconda fase prevede la preparazione del paziente e, oltre alla presentazione dell'EMDR, all'addestramento ai movimenti oculari, ai segnali di stop e alla creazione del "luogo sicuro", è utile utilizzare tecniche di autoipnosi per rendere il paziente più stabilizzato e pronto al trattamento EMDR vero e proprio. Inoltre, le tecniche di autoipnosi possono essere utili quando il paziente, nonostante i farmaci, ha ansia e attacchi di panico che possono compromettere il lavoro con l'EMDR. Infatti, quando il paziente è in tali condizioni, può essere difficile lavorare su emozioni, sentimenti e pensieri, e relazionarsi con il suo corpo e le sensazioni fisiche. Inoltre, il paziente può avere difficoltà a raggiungere una condizione e una sensazione di sicurezza. Nella terza fase è utile far sentire al paziente e aspettarsi miglioramenti attraverso esercizi di esposizione dal vivo o immaginativi. Questi esercizi consistono nel mostrare al paziente uno schermo sul quale può scorrere e osservare situazioni ansiogene. La possibilità di osservare situazioni ansiogene in un contesto protetto e rilassante permette però di osservare elementi problematici e di disagio da un'altra prospettiva. Nella quarta e quinta fase si lavora sulla scelta dei target. Gli stimoli-bersaglio devono riguardare: ipotetiche situazioni future che possono presentare ansia e paura e che possono causare evitamento da parte del paziente, attacchi di panico in situazioni passate, ed esperienze di vita precedenti che sono ipoteticamente all'origine del Disturbo di Panico attuale. In particolare, è opportuno lavorare prima sulle esperienze di vita che sono la causa del disturbo attuale, poi è utile lavorare sugli attacchi di panico in situazioni precedenti che ancora condizionano fortemente il paziente, e infine è utile focalizzare il lavoro su ipotetici scenari futuri.

In alcuni pazienti, i ricordi di attacchi di panico precedenti, anche se non possono essere collegati a traumi specifici, possono dare origine a sintomi simili al PTSD. Con questi pazienti, può essere utile trattare i ricordi come se fossero esperienze traumatiche, e usare la procedura standard del PTSD. È bene ricordare, tuttavia, che dopo la desensibilizzazione dei ricordi-bersaglio, la rielaborazione spontanea adottata con il PTSD può essere difficile con i pazienti che soffrono di attacchi di panico, quindi è utile identificare gli eventi di vita da rielaborare e tornare ai bersagli di partenza più volte.

Giannantonio (2009b) propone alcuni accorgimenti tecnici da applicare nella terapia EMDR per il Disturbo di Panico, in particolare:

Con i pazienti che soffrono di Disturbo di Panico è utile, come per il trattamento del PTSD, elaborare un target dal momento peggiore. Tuttavia, non è possibile continuare con le libere associazioni del paziente. Invece, è opportuno creare un'esposizione filmica che sarà prima vista ad occhi chiusi per identificare la presenza di emozioni e sentimenti di disturbo, poi la stimolazione bilaterale sarà utilizzata per affrontare ed eliminare gli elementi di disturbo. È anche utile osservare la storia che è stata creata, cambiarla e rielaborarla in modo diverso, cercando di generare nuove competenze.
I pazienti con Disturbo di Panico possono avere difficoltà ad accedere alle emozioni e alle sensazioni. Hanno, infatti, poche o nessuna emozione, difficoltà a codificare il corpo e il mondo emotivo, a identificare e nominare ciò che sperimentano, per cui è opportuno utilizzare strategie diverse dal protocollo standard. Una di queste può essere quella di far chiudere gli oc-

chi al paziente, chiedergli di visualizzare ciò che deve essere elaborato e di osservarsi mentre accade la situazione che sta immaginando. Può essere utile l'accesso a un luogo sicuro che permetta di avere un contatto con il proprio corpo e con il mondo interiore.

Questi pazienti hanno difficoltà a trasformare le esperienze problematiche e le credenze negative sul Sé, quindi l'uso dell'elaborazione spontanea può essere controproducente. D'altra parte, può essere utile lavorare sulle emozioni attraverso "alterazioni percettive", associando sensazioni piacevoli ad eventi disturbanti (ad esempio, associando un ricordo problematico con una canzone o un colore rassicurante per il paziente), e "alterazioni cognitive", suscitando così cognizioni positive sul Sé.

A differenza dei pazienti con PTSD, quelli con Disturbo di Panico non hanno bisogno di una fase di chiusura, in quanto non c'è pericolo che il paziente continui a lavorare troppo e troppo fuori dal setting terapeutico.

I problemi legati al Disturbo di Panico possono essere ricondotti a storie di attaccamento disfunzionali, caratterizzate da figure di accudimento imprevedibili, fragili e violente. Questi pazienti, infatti, hanno difficoltà a descrivere la loro storia di attaccamento e possono presentare rabbia intensa, paura e tristezza o mancanza di emozioni, percezione di sé come persone incapaci e vulnerabili. Inoltre, la narrazione può presentare incongruenze tra la memoria episodica e la memoria semantica. Attraverso l'EDMR è possibile rielaborare il sistema di attaccamento del paziente, desensibilizzare gli episodi e le scene più significative della storia di attaccamento, e modificare la storia di attaccamento, con l'introduzione di nuove figure di accudimento e l'integrazione di modelli operativi interni più adattivi. In particolare, può essere utile sviluppare nel paziente capacità di "auto-aiuto", invitandolo a immaginare di andare nel proprio passato e di assumere il ruolo che le figure di accudimento avrebbero dovuto avere, accudendo il proprio Sé infantile. Possono essere utilizzate anche altre figure di attaccamento che sono state significative per lo sviluppo del paziente (zii, nonni, insegnanti, educatori) o anche figure di attaccamento alternative significative nel presente del paziente, come le figure religiose e spirituali. Può anche essere utile far spiegare al paziente alla sua figura di attaccamento come si è comportato in passato, chiedendo comportamenti alternativi e più adeguati nel presente.

Conclusioni

"L'EMDR è l'ultima sciocchezza sul mercato della psicoterapia o è piuttosto un metodo da prendere sul serio?" (Eschenroder, 2003).
L'EMDR, fin dall'inizio, è sempre stata una tecnica che ha incontrato critiche, difficoltà ad affermarsi e confusione nel campo della ricerca. Molti ricercatori continuano a considerarla una "pseudoscienza" (Dworkin, 2010). In un articolo di Perkins e Rouanzoin (2002) vengono evidenziate alcune interpretazioni ed affermazioni errate nelle pubblicazioni di diversi ricercatori, in particolare nel lavoro di Rosen et al. (1998) l'EMDR viene considerata una semplice terapia di esposizione prolungata, secondo altri autori (McNally, 1999, Lohr, Lilienfeld, Tolin, Herbert, 1999) l'EMDR produce solo un effetto placebo, ed è considerata una tecnica meccanicisti-

ca e semplicistica. Di fronte ai numerosi dubbi e incertezze di alcuni ricercatori, è indiscutibile che l'EMDR, supportato da un gran numero di studi e meta-analisi, è stato riconosciuto dalla International Society for Traumatic Stress Studies come una tecnica efficace ed efficiente per il trattamento del PTSD (Chemtob, Tolin, van der Kolk, Pitman, 2000). EMDR is not a simple technique that uses eye movements, but is a procedure that is part of an overall treatment consisting of eight phases, in which one of these phases uses bilateral stimulation. It is not a miracle technique that always solves problems in a few sessions, but requires a therapeutic plan. It is a complex procedure that requires adequate and complete training, appropriate use of procedures and deep interaction between clinician, method and patient (Dworkin, 2010).

Nonostante la dimostrazione della sua efficacia, l'EMDR ha bisogno di continui affinamenti e studi per permettere la sua evoluzione e piena comprensione. In particolare, negli ultimi anni, gli studi stanno cercando di affinare la metodologia di ricerca per approfondire l'intervento nel PTSD, per indagare le basi psicobiologiche, ancora non del tutto chiare, per ricercare l'efficacia dell'EMDR per altri disturbi clinici, quali i Disturbi d'Ansia, i Disturbi da Dismorfismo Corporeo, i Disturbi Alimentari, i Disturbi Sessuali, i Disturbi Dissociativi, per dimostrare la compatibilità con altre tradizioni psicoterapeutiche e la possibilità di integrarlo con tecniche diverse (Giannatonio, 2001). A proposito di quest'ultimo punto, sono interessanti le affermazioni a sostegno dell'idea che l'EMDR possa rappresentare uno strumento in grado di unificare le varie psicoterapie (Goldwurm, 2006). Infatti "l'EMDR è stato sviluppato per essere inserito in un piano psicoterapeutico indipendentemente dall'approccio di riferimento [...] ed è stato utilizzato da terapeuti di tutti gli orientamenti clinici" (Fernandez, Maxfield, Shapiro, 2009, p.224). Balbo (2006), nel suo libro, offre una visione dell'EMDR come "un approccio integrale tra le varie psicoterapie, dimostrando come i nuclei teorici, il protocollo e le procedure di intervento siano compatibili con le principali scuole di pensiero attualmente presenti nel mondo della psicoterapia. L'EMDR come elemento integrante può costituire, attraverso l'Adaptive Information Processing Model, un efficace, nuovo strumento di dialogo tra psicoterapie" (Balbo, 2006, p. XXII-XXIII). "L'EMDR è uno strumento apparentemente semplice. In realtà è molto complicato e pieno di sfumature diverse. Contiene elementi congeniali alle psicoterapie comportamentali, alle psicoterapie cognitive o cognitivo-comportamentali, alle dinamiche, alle sistemiche [...] prende in considerazione in modo olistico le tre dimensioni fondamentali dell'uomo: biologica, psicologica e sociale. Il soggetto, quindi, del nostro intervento viene considerato allo stesso tempo in modo completo, cioè dal punto di vista cognitivo, emotivo e comportamentale. Viene anche evidenziata la storia passata del soggetto, l'origine inconscia degli impatti traumatici e la loro evoluzione patologica (Goldwurm, p. XVII). L'interessante, creativo e ambizioso progetto dell'integrazionismo teorico (Cionini, 2006) potrebbe trovare corpo nell'EMDR, permettendo a tutti i terapeuti di diverso approccio di comprendersi e di usare lo stesso linguaggio (Balbo, 2006).

"In definitiva, l'EMDR sembra trasformarsi, implicitamente o esplicitamente, in un vero e proprio approccio alla psicoterapia in senso lato, con un crescente contributo teorico necessario alla sua applicazione, e in questo modo diventando probabilmente un corpo incommensurabile di conoscenze e procedure con alcune tradizioni cliniche".

SE TI è **PIACIUTO QUESTO LIBRO**
SAREI DAVVERO FELICE DI RICEVERE
UNA TUA **RECENSIONE SU AMAZON**.

TI COSTERA' DAVVERO POCHI MINUTI
DEL TUO TEMPO E PER ME SARA' UN VERO
AIUTO PER MIGLIORARE OGNI GIORNO DI
PIU'.

TI RINGRAZIO INFINITAMENTE.

**SEGUIMI SU INSTAGRAM PER RIMANERE
SEMPRE AGGIORNATO SUI NUOVI LIBRI
CHE PUBBLICHERO'**

@giorgiamorellipsicologa